éphémères stalactites

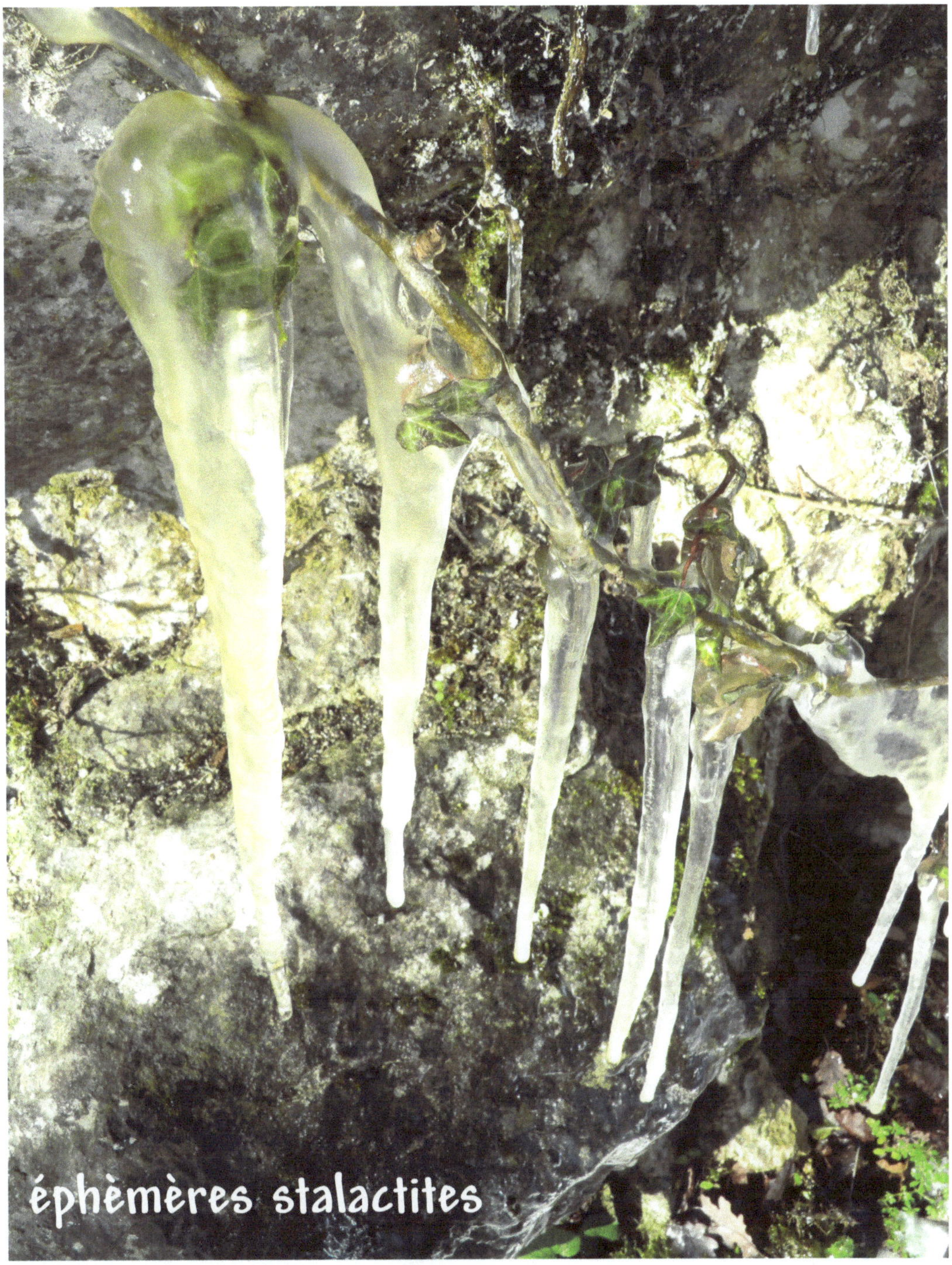

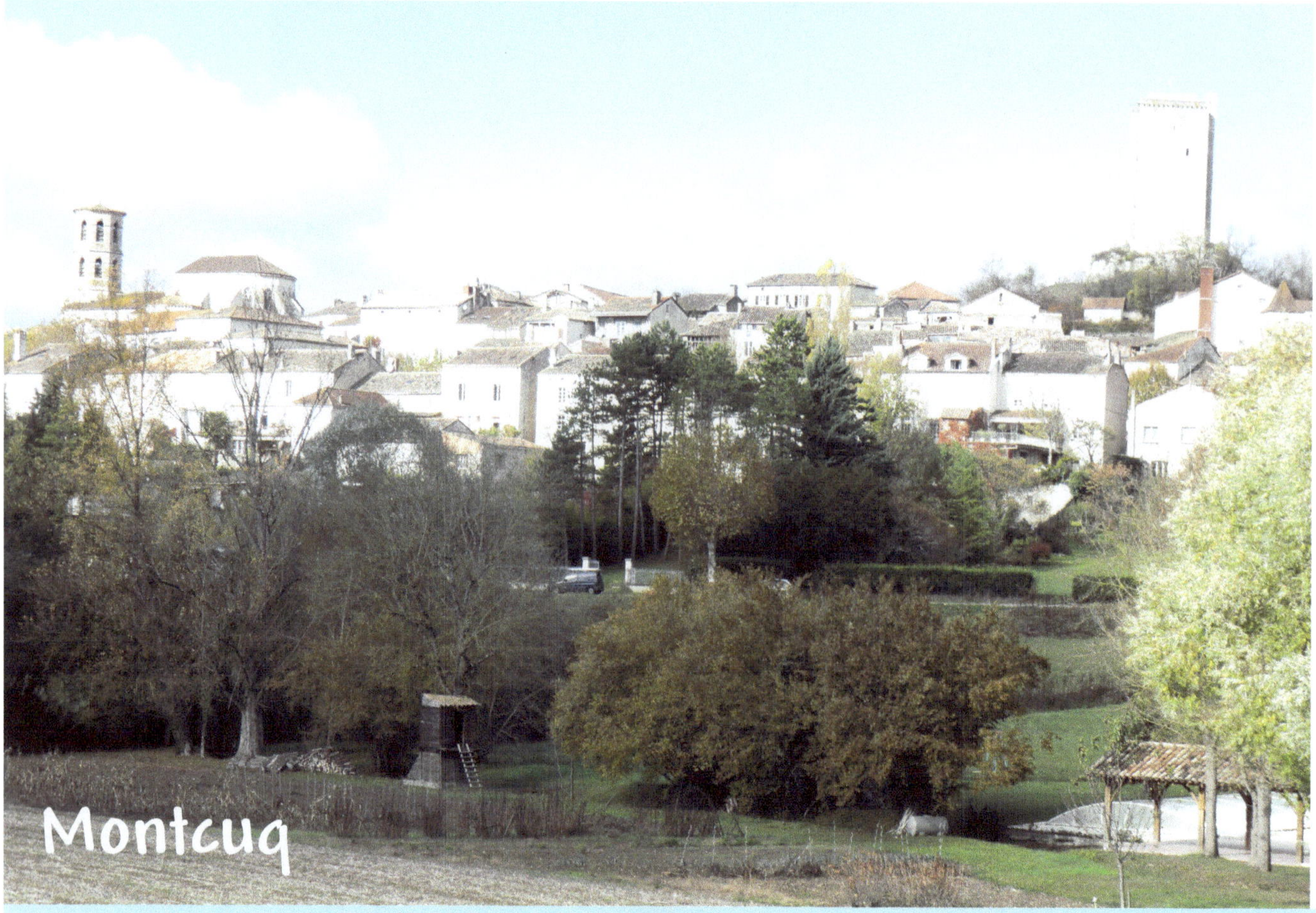

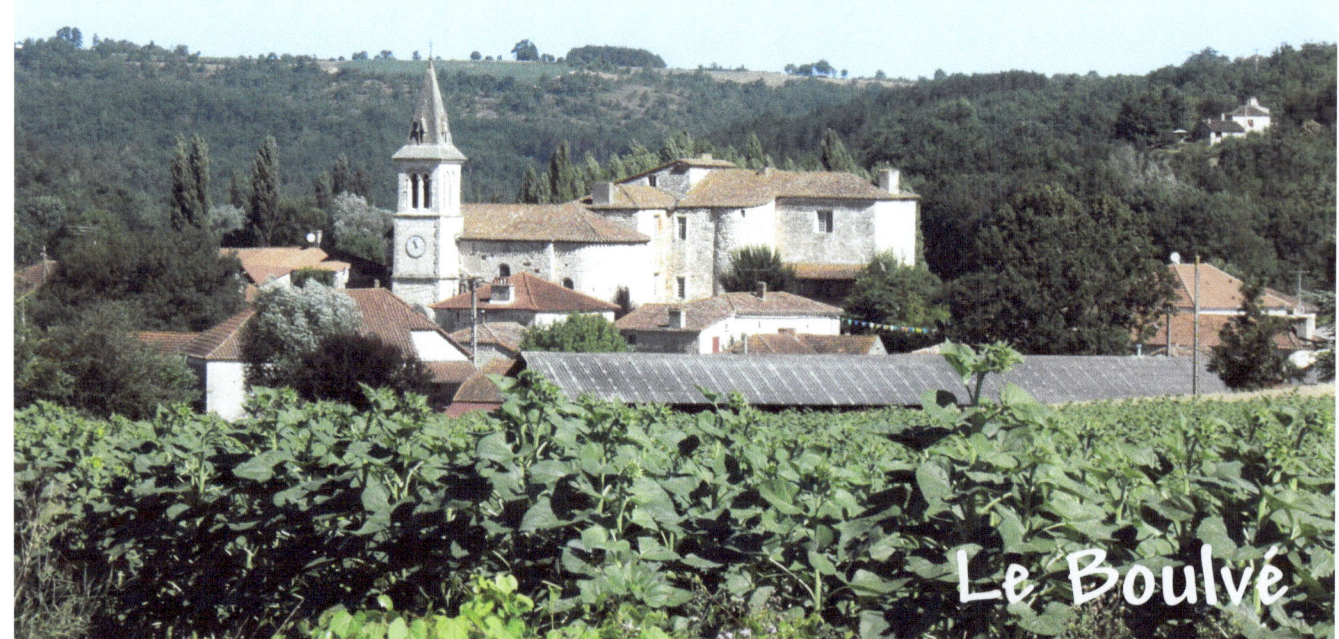

Montcuq

Le Boulvé

La disparition d'un canton : Montcuq

Livre d'art et d'opinions.
Moins de cantons, plus d'élus, la mainmise des partis…

Du même auteur

Certaines œuvres sont connues sous différents titres.

Romans

Le Roman de la Révolution numérique
La Faute à Souchon : (Le roman du show-biz et de la sagesse)
Quand les familles sans toit sont entrées dans les maisons fermées
Liberté j'ignorais tant de Toi (Libertés d'avant l'an 2000)
Viré, viré, viré, même viré du Rmi !
Ils ne sont pas intervenus (Peut-être un roman autobiographique)

Théâtre

Neuf femmes et la star
Les secrets de maître Pierre, notaire de campagne
Ça magouille aux assurances
Chanteur, écrivain : même cirque
Deux sœurs et un contrôle fiscal
Amour, sud et chansons
Pourquoi est-il venu ?
Aventures d'écrivains régionaux
Avant les élections présidentielles
Scènes de campagne, scènes du Quercy
Blaise Pascal serait webmaster
Trois femmes et un Amour
J'avais 25 ans
« Révélations » sur « les apparitions d'Astaffort » Jacques Brel / Francis Cabrel

Théâtre pour troupes d'enfants

La fille aux 200 doudous
Les filles en profitent   Traduites en anglais, allemand, italiens, espagnol
Révélations sur la disparition du père Noël
Le lion l'autruche et le renard,
Mertilou prépare l'été
Nous n'irons plus au restaurant

Stéphane Ternoise est né en 1968

http://www.ecrivain.pro essaye d'être complet, avec un "blog" (je préfère l'expression "une partie des chroniques"). Mais il ne peut naturellement pas copier coller l'ensemble des textes présentés ailleurs.
http://www.romancier.net   http://www.dramaturge.net
http://www.essayiste.net   http://www.lotois.fr
http://www.artlowcost.fr

Les noms de ces sites me semblent explicites… Le graphisme reste rudimentaire. Tant de choses à faire… http://www.salondulivre.net le prix littéraire a lancé sa onzième édition. Une réussite d'indépendance. Mais peu visible…

L'ensemble des livres numériques ont vocation à devenir disponibles en papier et réciproquement. Il convient donc de parler de livre au sens fondamental du terme : le contenu, l'œuvre. En juillet 2013, le catalogue numérique de Stéphane Ternoise dépasse la barre naguère inimaginable de la centaine. Il est constitué de romans, pièces de théâtre, essais mais également de photos, qu'elles soient d'art (notion vague) ou documentaires (présentation de lieux, Cahors, Cajarc, Montcuq, Beauregard, Golfech…), publications pour lesquelles l'investissement en papier est impossible, sauf à recourir à l'impression à la demande.

Stéphane Ternoise

La disparition d'un canton : Montcuq

Livre d'art et d'opinions.
Moins de cantons, plus d'élus, la mainmise des partis...

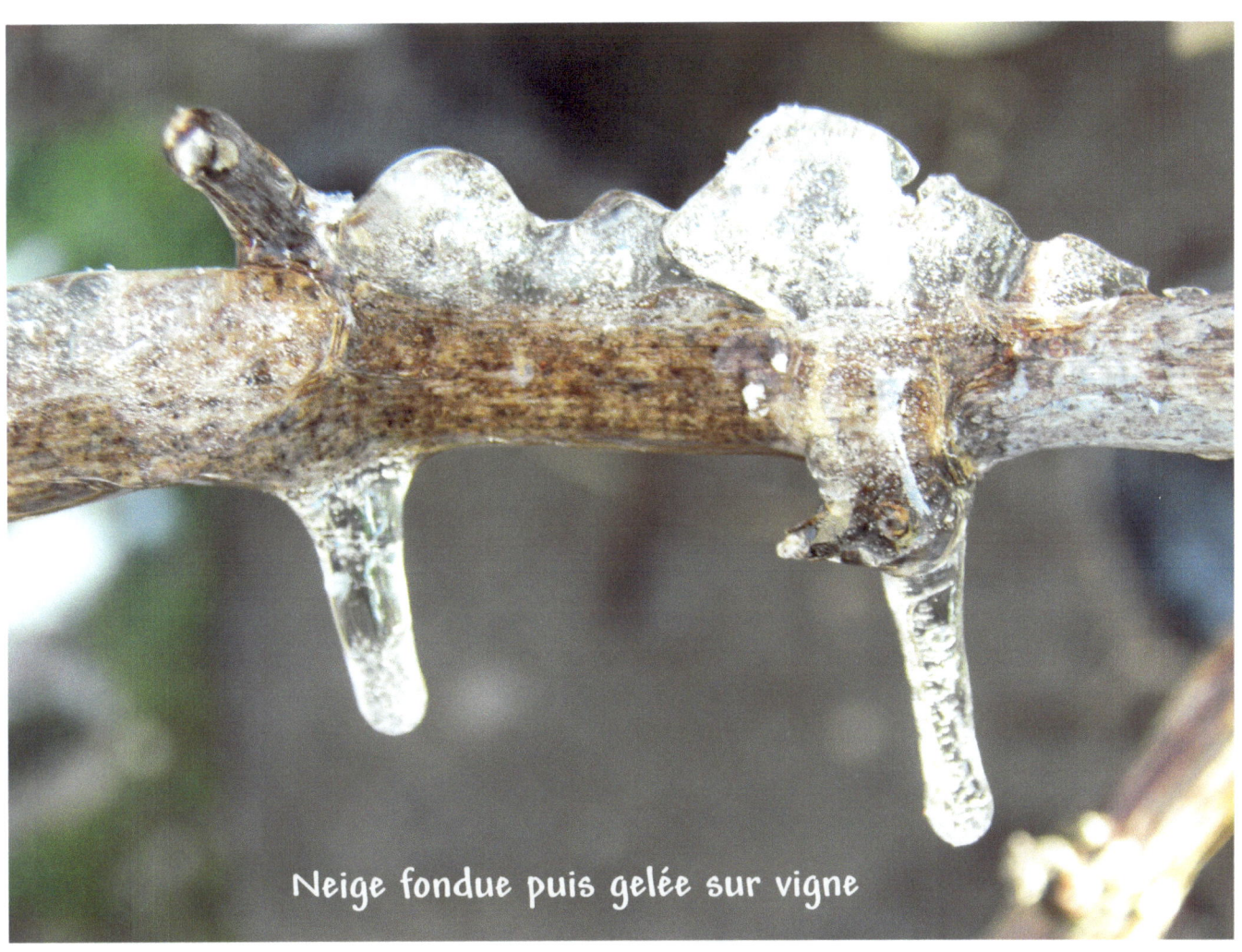

Neige fondue puis gelée sur vigne

Jean-Luc PETIT Éditeur / livrepapier.com
collection Livres d'artistes

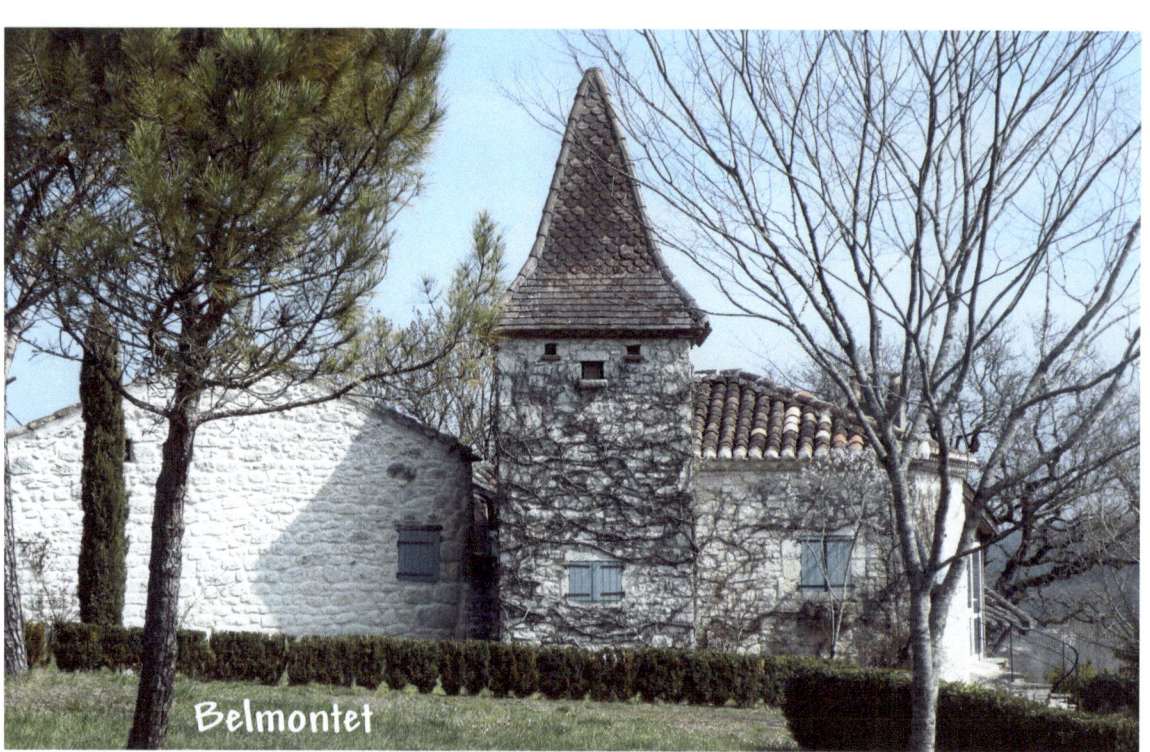

La disparition d'un canton : Montcuq

Les conseillers régionaux et généraux en place seront remplacés en 2015.
Aux conseillers généraux élus en 2008 et en 2011 succéderont des conseillers départementaux, pour une durée de six ans.

Pour chaque canton, un binôme obligatoirement constitué d'une femme et un homme (pas forcément dominant), remportera un scrutin uninominal majoritaire à deux tours.

Pour éviter un surpeuplement des maisons départementales, le nombre des cantons sera presque divisé par deux. Le Lot passera ainsi de 31 à 34 notables !

Le canton de Montcuq disparaît. La communauté de communes formée des mêmes communes devancera l'opération en fusionnant au 1er janvier 2014 avec sa compagne de Castelnau-Montratier. Le nouveau canton semblait devoir reprendre cette configuration...

J'aime cet endroit, découvert en 1995. Mais un grand problème, d'ordre politique, limite mon "exposition artistique" : ancestral clientélisme naturellement toujours ancien, les nouveaux puissants ont forcément tourné cette peu glorieuse page, avant d'être dénoncés quand ils rejoignent le cimetière. Je n'avais pas attendu le décès de Daniel Maury pour fustiger "*la petite Maurytanie*", cet accaparement des postes pour un clan. J'avais rapidement découvert qu'il avait succédé à Maurice Faure, encensé par certains (surtout issus d'une mouvance "radicaliste"), crucifié par d'autres au nom d'un idéal républicain dévoyé...

Si aborder le versant politique semble inévitable, ce livre s'attache essentiellement à présenter seize communes, non en historien mais en écrivain photographe habitué à ses routes et sentiers, amoureux de ses vieilles pierres, des maisons aux gariottes en passant par les pigeonniers et même ses églises où la présence de G.P. Dagrant mérite toute notre attention... Montcuq donc mais également Bagat, Belmontet, Saux, Montlauzun, St Matré, Lebreil, Le Boulvé, St Cyprien, Lascabanes, Fargues, St Daunès, St Laurent Lolmie, Ste Croix, St Pantaléon, Valprionde. Un instantané. La quête d'une cohérence territoriale...

Stéphane Ternoise
http://www.quercy.pro

Ternoise Documentation Lotoise
http://www.lotois.fr

Les élections départementales...

Pour être élu au premier tour, le binôme femme homme devra obtenir :
- au moins la majorité absolue des suffrages exprimés (plus de 50%),
- et un nombre de suffrages égal à au moins 25 % des électeurs inscrits.

Si aucun binôme n'est élu dès le premier tour : un second tour.

Au second tour, les deux binômes arrivés en tête peuvent se maintenir.
Les autres peuvent se maintenir seulement s'ils ont obtenu un nombre de suffrages au moins égal à 12,5 % des électeurs inscrits.

Le binôme qui obtient le plus grand nombre de suffrages au second tour est naturellement élu.

Le Conseil constitutionnel a validé le mode de scrutin paritaire...

Redécoupage des cantons... action !

Jeudi 16 mai 2013, le Conseil constitutionnel a validé la loi sur les scrutins locaux instaurant un nouveau mode d'élection, le scrutin binominal paritaire, pour les futurs conseillers départementaux... Ce mode de scrutin va entraîner une féminisation forcée des assemblées départementales, alors que 13,5 % de femmes y siègent. Bien ? Il s'agira de femmes des partis. Pas forcément l'épouse. L'amante dans certains cas ? Le problème réel n'est pas le sexe mais l'origine sociale, le parcours "obligatoire."
Après ce découpage de la population en identités sexuelles, à quand l'obligation de quotas selon les affinités sexuelles ?
Une maman et un papa symboliques à chaque canton à l'heure du mariage désexualisé...
Un apport de sang neuf dans l'arène politique ? Du sang contaminé... au clientélisme.

Le dossier du redécoupage va naturellement susciter des indignations...

Parole à Gérard Miquel

Naturellement, je n'ai pas rencontré le Président du Conseil Général.
Grande déclaration de Gérard Miquel : « Le Lot va être recomposé. » Dans leur truc quotidien du 5 juin 2013 :

- La carte du département va être profondément modifiée en vue des prochaines élections départementales de mars 2015. Beaucoup critiquent cette réforme…
- Je le sais. Mais je maintiens que c'est une bonne réforme. Depuis que Napoléon a découpé le territoire, les choses ont quelque peu évolué. Le Lot comptait 280 000 habitants en 1816 et environ 175 000 aujourd'hui. La population n'est pas répartie de la même façon. Auparavant, les gens vivaient plus dans les villages qu'à la périphérie des villes. Il est donc indispensable de faire ce nouveau découpage.

- Le gouvernement ne s'attaque pas encore au fameux mille-feuille administratif, qui serait néfaste pour nos finances publiques. Certains, comme Jaques Attali, proposent de sacrifier les départements. Quel est votre avis?
- On ne peut pas faire ça ! Le conseil général est la collectivité de proximité. Il faut rationaliser, harmoniser les compétences entre les collectivités. Aujourd'hui, tout le monde fait tout et ça n'est pas bon.

- Vous travaillez sur la future carte cantonales. Comment éviter le charcutage ou le tripatouillage politique ?
- Il n'y aura pas de tripatouillage politique. La carte que je compte proposer au préfet et qui devra être validée par le ministre de l'Intérieur n'obéit qu'à une règle : la cohérence géographique. J'ai demandé à tous les conseillers généraux de me faire leur carte départementale. Certains m'ont répondu en insistant sur les contours futurs de leur canton. Moi, je raisonne sur le département. Il y aura donc des déçus...

- Sans dévoiler la carte, vers quelles associations se dirige-t-on ?
- Les cantons les plus petits devront compter 8 000 habitants, les plus gros 12 000. Regrouper les cantons de Martel et de Vayrac me semble cohérent. Souillac et Payrac, ça peut marcher. Les trois cantons de Cahors et les deux de Figeac ne resteront pas en l'état. Mais le nœud du problème est constitué par l'espace central. On est sur un territoire avec une faible densité de population et on peut très bien avoir un canton demain avec 35 à 40 communes. Il faudra aussi voir comment on traite les cantons de Saint-Géry, Lauzès et, à l'Est, Latronquière, Lacapelle-Marival ou Livernon. Les cantons de Limogne et de Lalbenque évolueront également. Le cas des cantons de Luzech et de Catus doit être posé. La Bouriane va évoluer. Tout n'est pas calé mais Saint-Germain, Cazals, Salviac, Gourdon : tout cela va se recomposer. Tout est ouvert, vraiment.

Sur Montcuq et Castelnau, pas un mot ! Mais il semblait manquer deux cents âmes à la somme des deux entités pour atteindre la barre des 8 000.

Quant à son avenir. Il faudra le battre !
« Si je suis en forme, j'annoncerai mon souhait d'être candidat sur mon canton de Cahors-sud pour 2015. Et je dirai à ce moment-là, voire avant, à quoi je renonce. C'est normal vis-à-vis des électeurs. Mais aujourd'hui, si j'avais un choix à faire, ce serait le département.».

31 à 34 élus dans le Lot... l'impair magique !

Certes, des hommes vont perdre leur poste. Ah, il faudra être ami avec les grands chefs !
Dans le Lot donc, la loi prévoit le passage de 31 à 17 cantons, avec deux conseillers départementaux par canton. Pourquoi passer de 31 à 34 élus, alors que 32 aurait déjà été nettement trop ?...
Le *Journal Officiel* du 18 mai 2013, page 8242, apporte la réponse avec la LOI n°2013-403 du 17 mai 2013 relative à « *l'élection des conseillers départementaux, des conseillers municipaux et des conseillers communautaires, et modifiant le calendrier électoral.* » Elle stipule dans son article 4 : « *Art. L. 191-1. - Le nombre de cantons dans lesquels sont élus les conseillers départementaux est égal, pour chaque département, à la moitié du nombre de cantons existant au 1er janvier 2013, arrondi à l'unité impaire supérieure si ce nombre n'est pas entier impair.*
« *Le nombre de cantons dans chaque département comptant plus de 500 000 habitants ne peut être inférieur à dix-sept. Il ne peut être inférieur à treize dans chaque département comptant entre 150 000 et 500 000 habitants.* »

Le Lot, c'est, en 2013, 31 cantons, 24 intercommunalités et 340 communes pour environ 175 000 habitants.

31 divisé par 2, 15,5... qui ne donne pas 16 mais 17. Car l'unité impaire supérieure... Le choix d'un nombre de cantons impair pouvait se comprendre avec un élu par canton mais avec deux, l'assemblée sera toujours constituée d'un nombre pair de sièges, avec un risque de blocage. Mais "impair" est dans la loi, donc avec 175 000 habitants le Lot aura 34 élus, soit un pour 5147 habitants !
17 cantons, 34 élus, plus 34 suppléants. 68 notables... des "grands partis" ou inféodés... Car le but de

cette loi est bien là : confisquer la démocratie locale, renforcer le bipartisme PS - UMP... écarter tout empêcheur de tourner en rond, qui pouvait (déjà difficilement) exister dans un canton mais devra désormais ajouter l'ami(e) et deux suppléants... Donc au niveau de la Bayletonie, surtout le bipartisme PS-PRG. À moins qu'une union réellement républicaine s'attaque à cette dérive. Le gouffre est suffisamment profond pour motiver les démocrates de droite comme de gauche, comme les écologistes, à s'unir contre ce système. Sinon, un jour les électeurs penseront que seul le FN représente une sortie possible.

Je n'suis pas conseiller général

Je n'suis pas conseiller général
J'ai un vrai travail
J'écris des chansons
Qui plaisent pas dans mon canton

Des p'tites chansons
Sur les incohérences
Des petits pions
Qui gangrènent la France
Des petits pions
Imbus de leurs incompétences

Je n'suis pas conseiller régional
J'vis avec que dalle
J'écris des chansons
Qu'ont pas droit aux subventions

Des p'tites chansons
Sur les incohérences
Des petits pions
Qui gangrènent la France
Des petits pions
Imbus de leurs incompétences

Je n'suis pas monsieur le député
Et c'est sans regret
J'crois pas qu'mes chansons
Supporteraient un bâillon

Des p'tites chansons
Sur les incohérences
Des petits pions
Qui gangrènent la France
Des petits pions
Imbus de leurs incompétences

Pigeonniers, lavoirs -->
www.pigeonniers.net
www.lavoirs.net

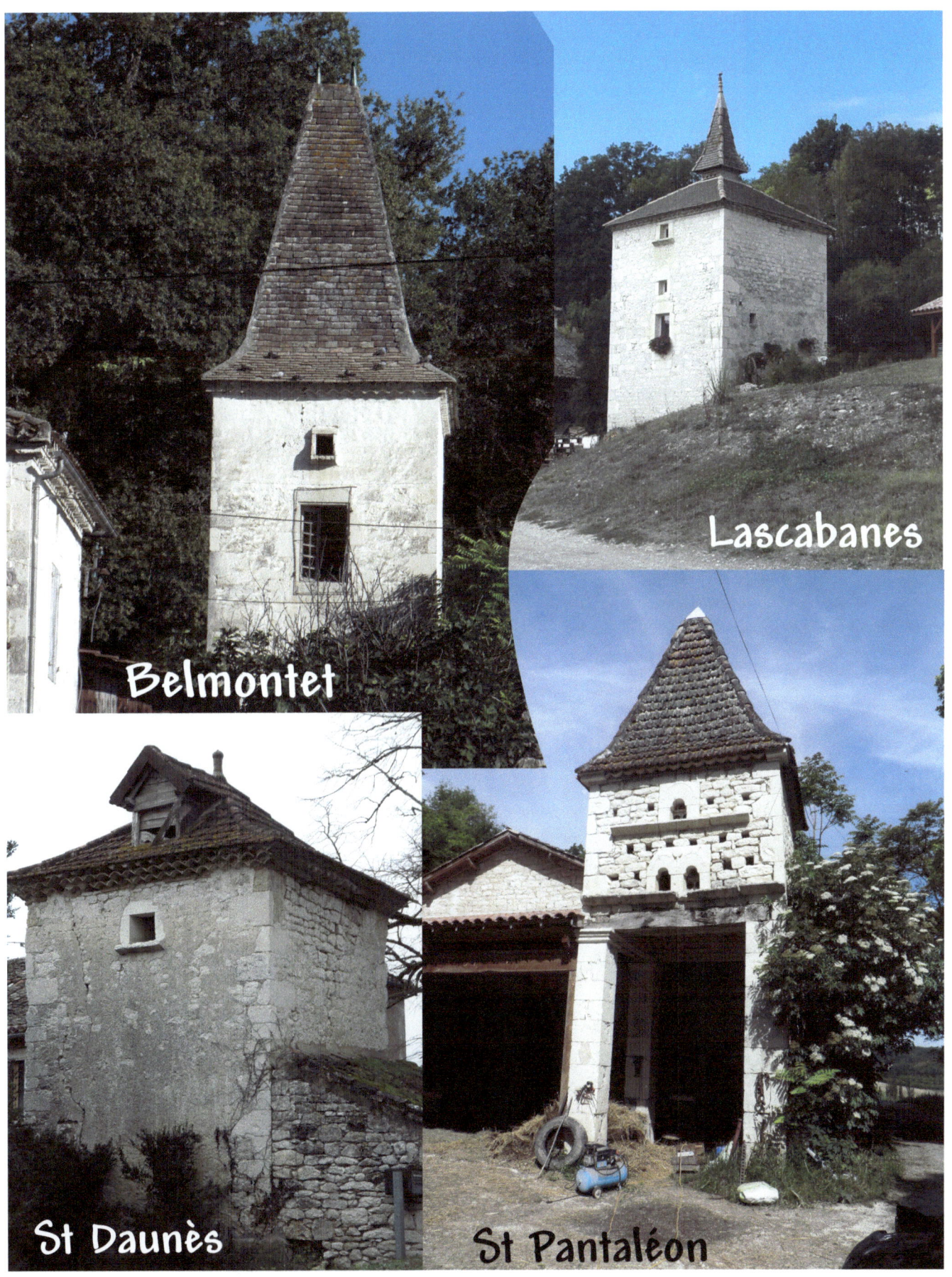

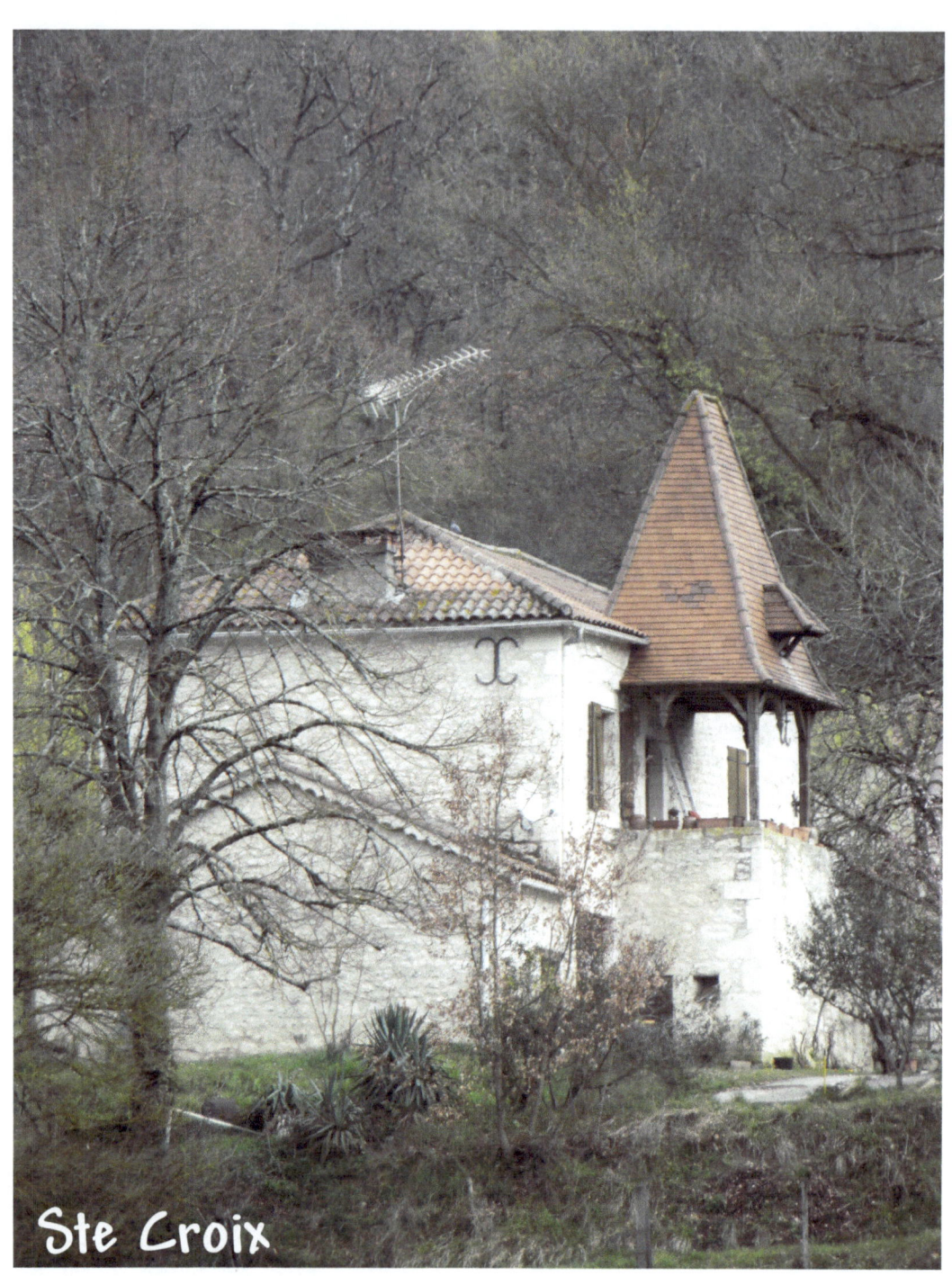

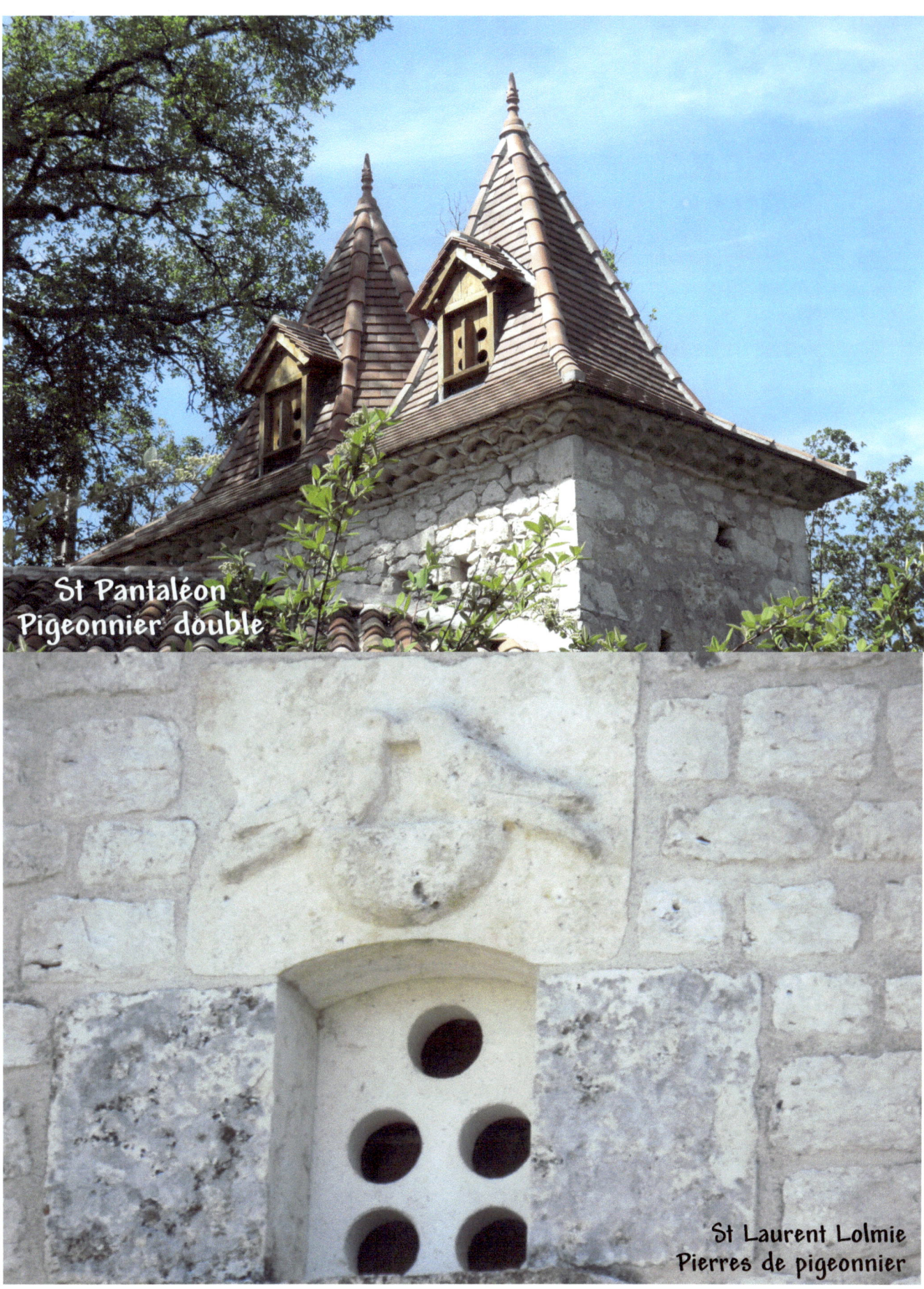

St Pantaléon
Pigeonnier double

St Laurent Lolmie
Pierres de pigeonnier

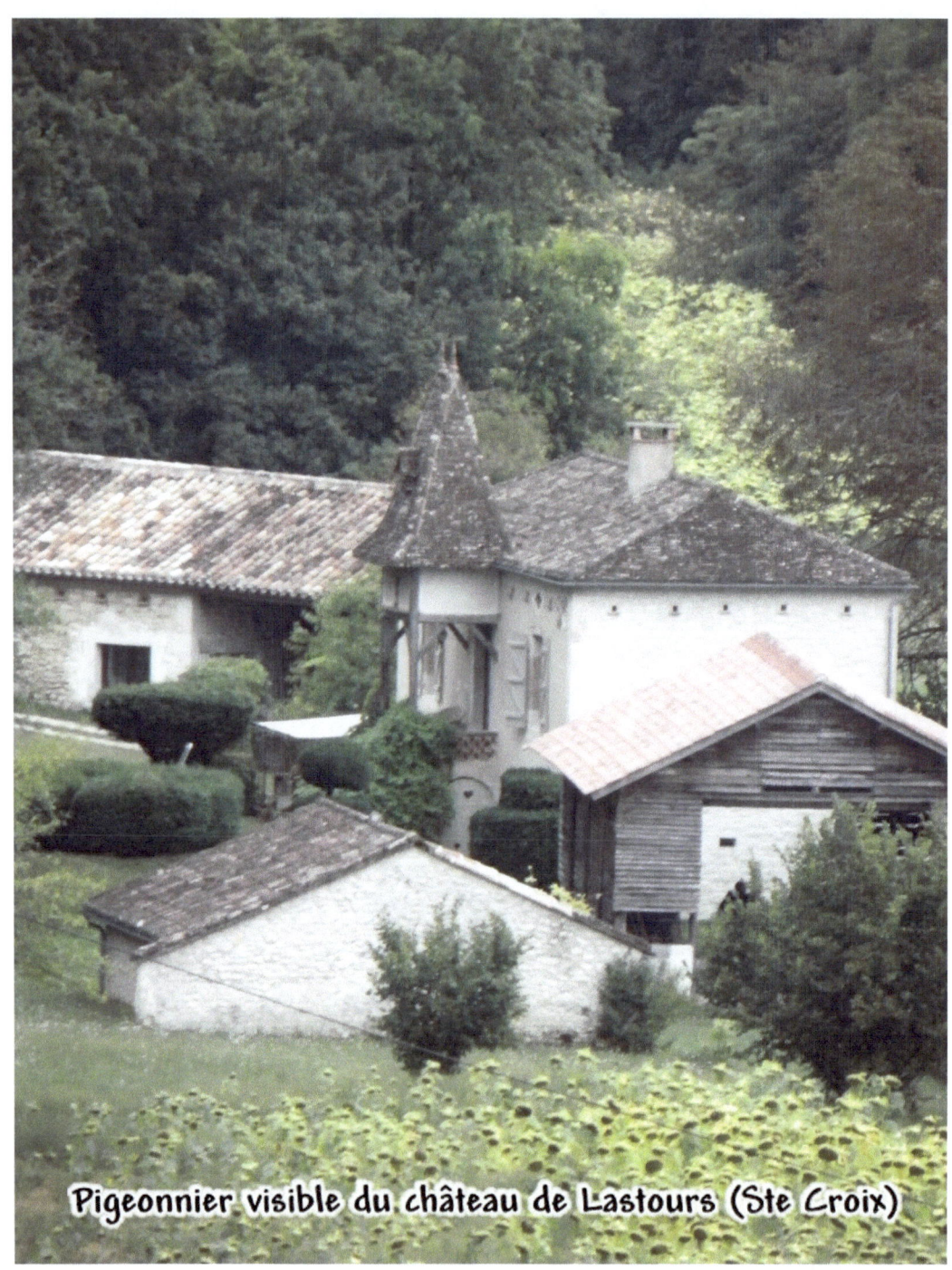

Pigeonnier visible du château de Lastours (Ste Croix)

Malgré les destructions,
de multiples lavoirs.
Mais eau non potable.
www.lavoirs.net

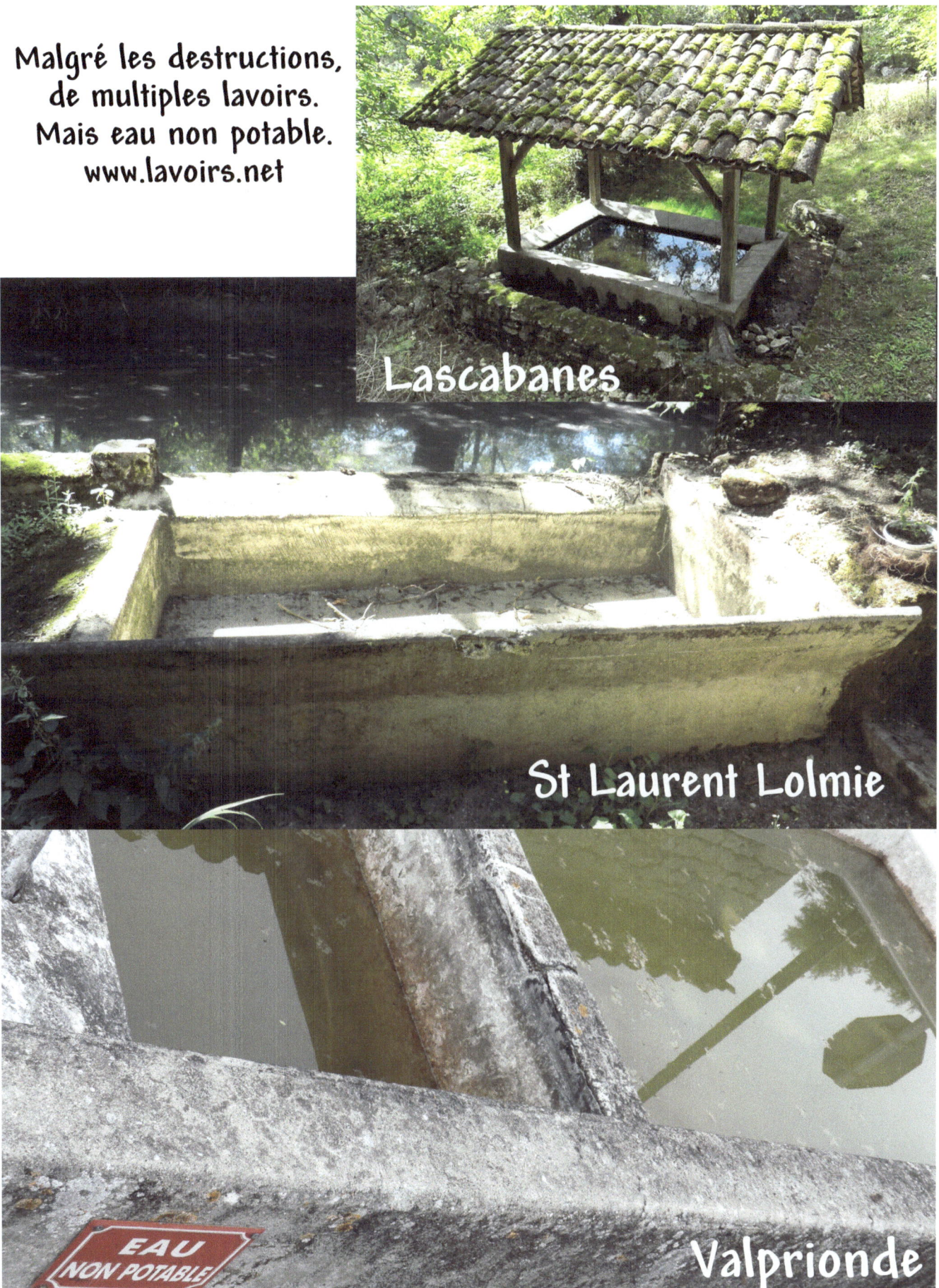

Lascabanes

St Laurent Lolmie

Valprionde

EAU NON POTABLE

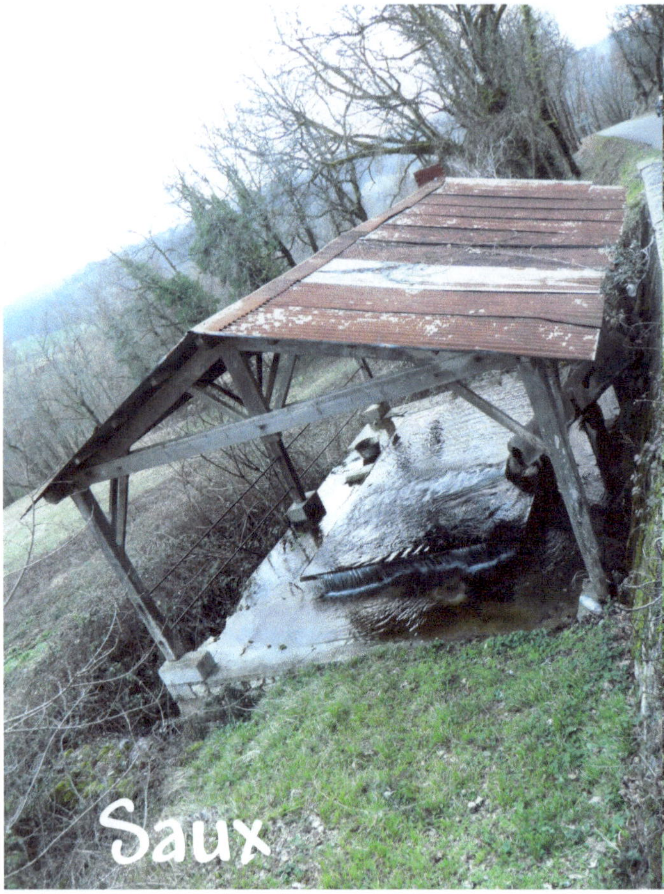

Saux

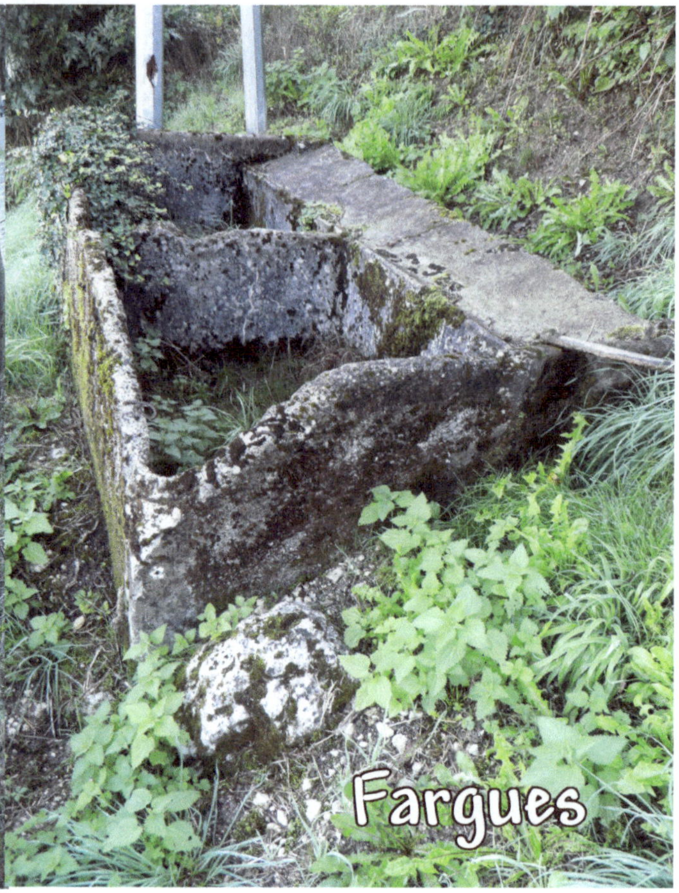

Fargues

Le "prix du lavoir kitch" est attribué à St Cyprien.
Ou comment tout gâcher,
sûrement au nom de la protection du patrimoine.

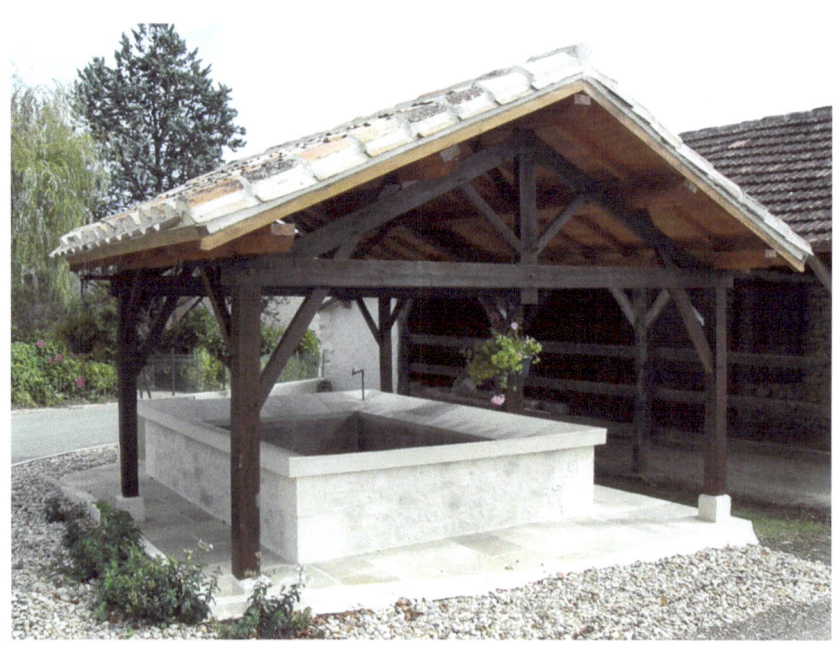

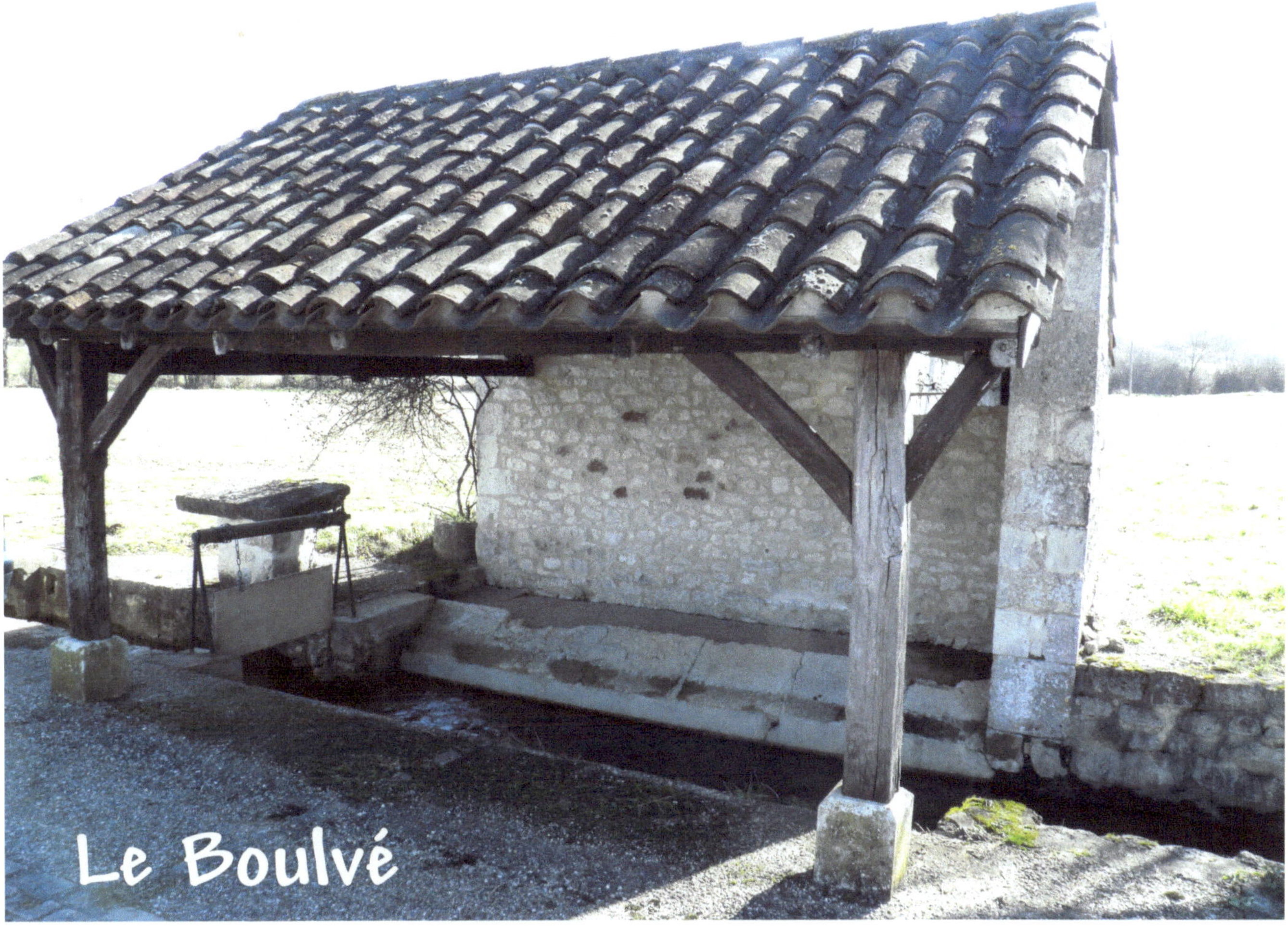

Le Boulvé

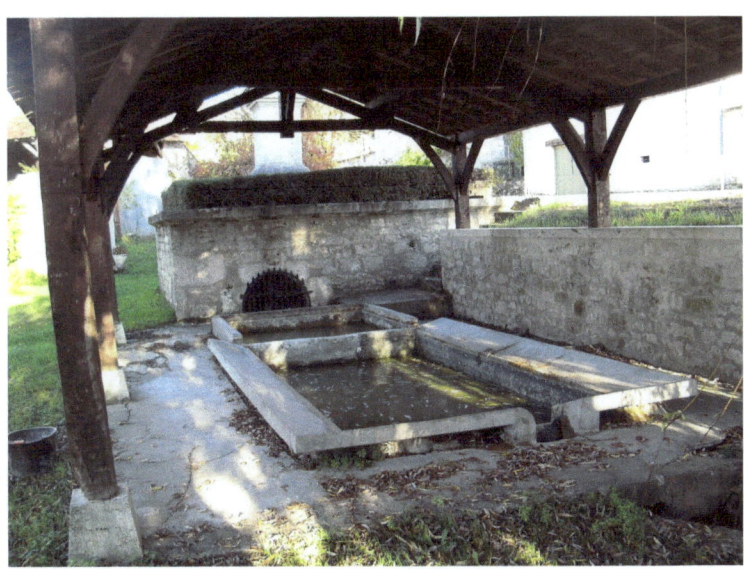

St Pantaléon

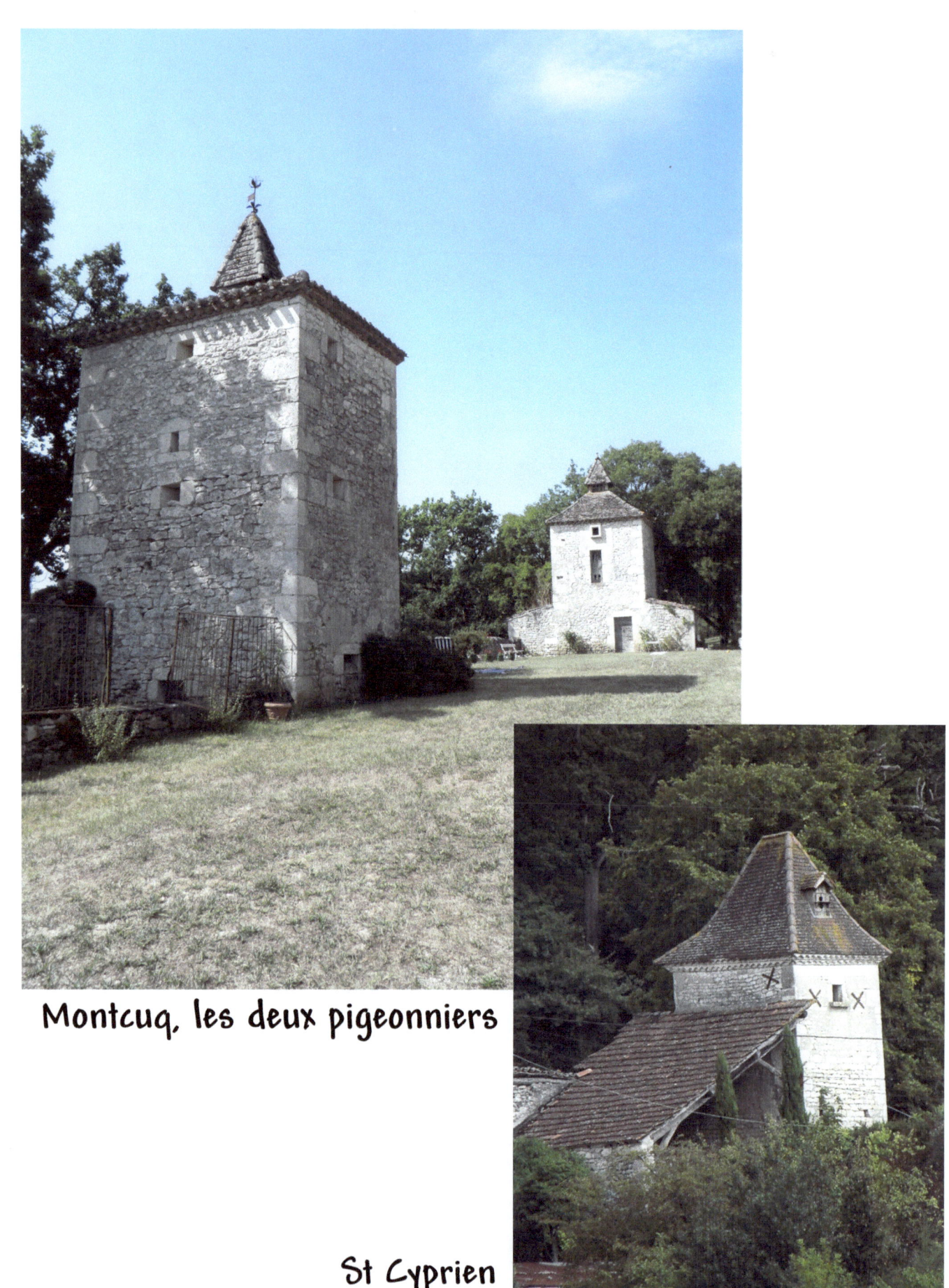

Montcuq, les deux pigeonniers

St Cyprien

Les communes, la population

Il ne s'agit nullement de réaliser l'histoire de ces communes. Cette mission appartient aux personnes suffisamment dégagées des nécessités financières pour se plonger dans les archives... Ecrivain et photographe, viscéralement indépendant, politiquement et professionnellement, je témoigne. J'explique également, dans un canton où l'information écrite passe par des supports contrôlés par "une mouvance." Aurais-je pu écrire un clan ?

C'est le Quercy que j'aime, même si je souris en lisant qu'en 1975, Bagat a obtenu le droit de modifier son nom, comme l'avait obtenu cinq ans plus tôt Limogne. Donc Limogne-en-Quercy et Bagat-en-Quercy. Peut-être pour se distinguer du Bagad de Lann-Bihoué ?

Payer un cantonnier pour une population aussi faible ne m'est jamais apparu nécessaire. Oui, c'est ainsi que le Conseiller Général est appelé par dérision dans de nombreuses demeures. Face aux abus de pouvoir, il nous reste parfois l'humour... Impertinence ?
Pourtant, les plus anciens racontent encore que ces villages furent bien plus peuplés dans un pays qui l'était bien moins.
La France est passée de 40 à 58 millions d'habitants de 1901 à 1999. Le canton de 7656 à 3 757. 51% d'évaporation. La bourgade la plus peuplée a connu une érosion presque aussi importante. Si l'on retire Montcuq : 5788 à 2495. 57% d'évaporation. Selon l'Insee 2013, la référence pour le calcul des évolutions reste le recensement de 1999.

Chiffres 1901--> 1999
Bagat : 366 --> 192
Belmontet : 303 --> 141
Le Boulvé : 534 --> 182
Fargues : 416 --> 149
Lascabanes : 519 --> 167
Lebreil : 291 --> 131
Montcuq : 1868 --> 1262
Montlauzun : 182 --> 117
St-Daunès : 407 --> 205
St-Laurent : 450 --> 202
St-Pantaléon : 544 --> 223
Ste-Croix : 233 --> 69
St Cyprien : 518 --> 309
St-Matré : 246 --> 122
Saux : 267 --> 133
Valprionde : 512 --> 152
7656 habitants alors dans le canton. 3 757 habitants au recensement de 1999.

A Ste-Croix, Valprionde et Lascabanes, vivaient en 1901 trois plus d'habitants qu'en 1999. Au Boulvé, à Fargues, la situation atteint presque le même ratio.

Les monuments aux morts témoignent certes de la saignée 1914-1918. Mais d'autres phénomènes expliquent cette désertification. Nous traversons une phase de nécessaire repeuplement mais le département a géré le développement d'Internet pour ne pas risquer l'afflux de populations qui pourraient ne pas accepter sa politique. Certains semblent se satisfaire du statut de parc de jeu pour fortunés (résidences secondaires)... Vivre ici est un défi. Encore plus dans le domaine culturel.

Montcuq, traces du passé

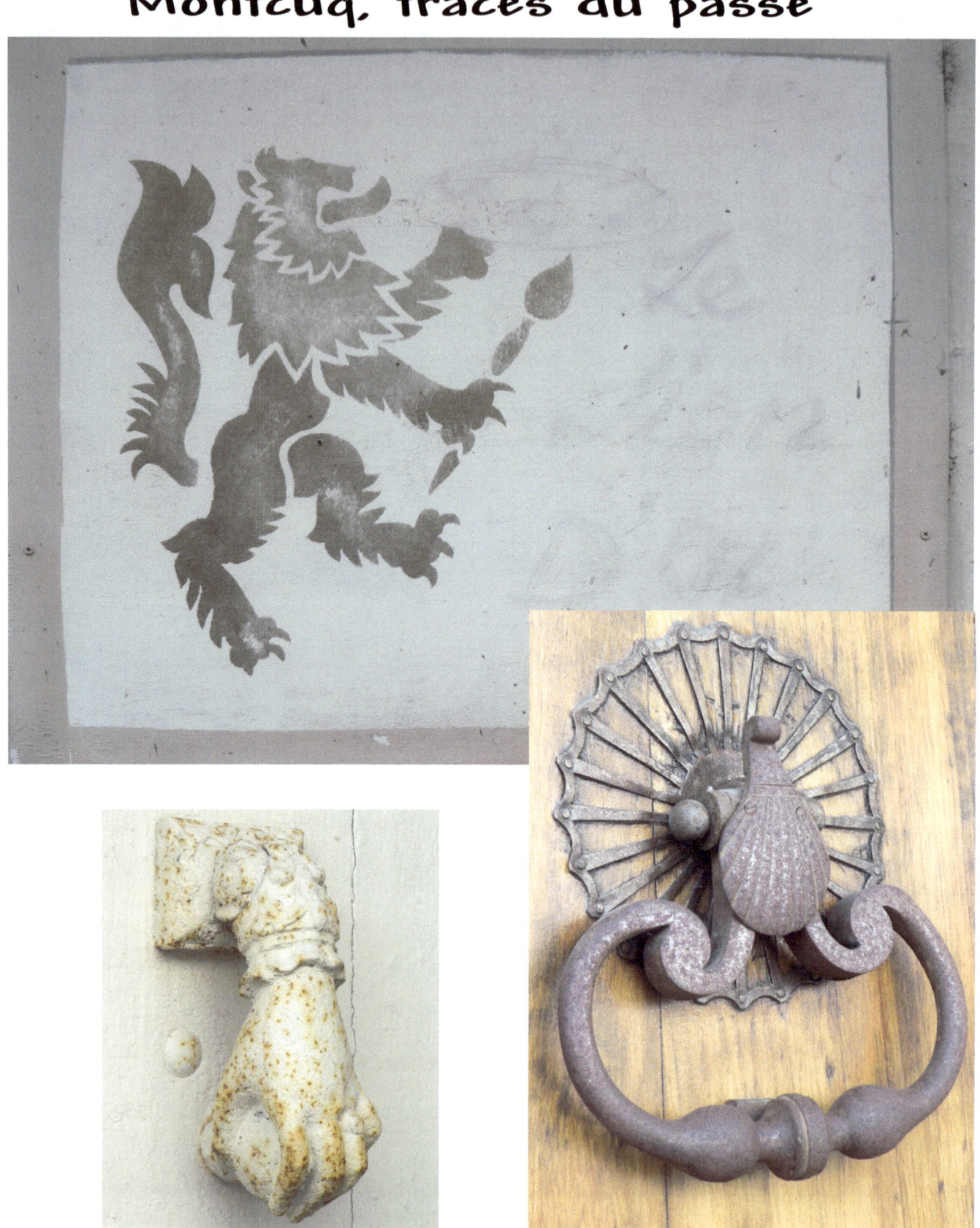

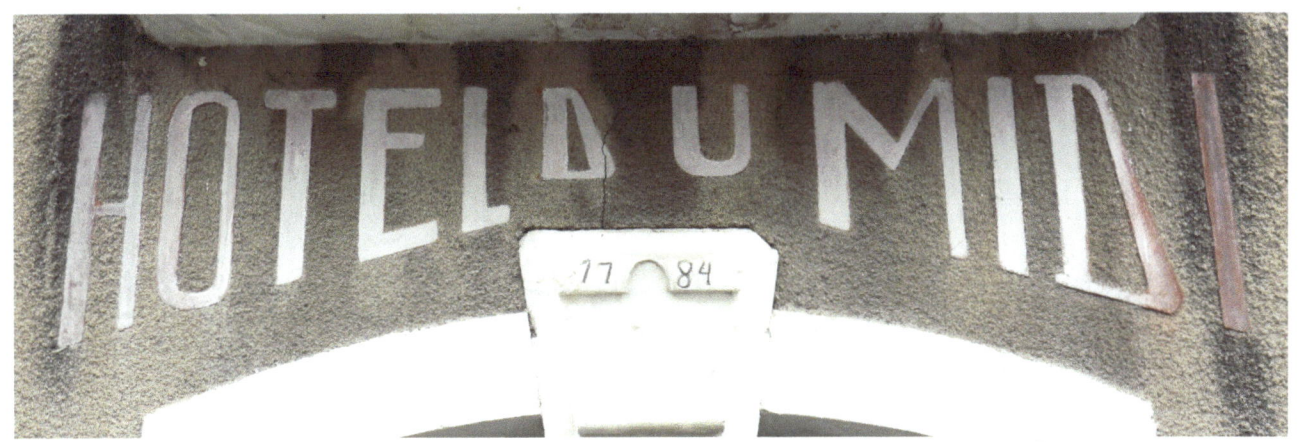

Montcuq

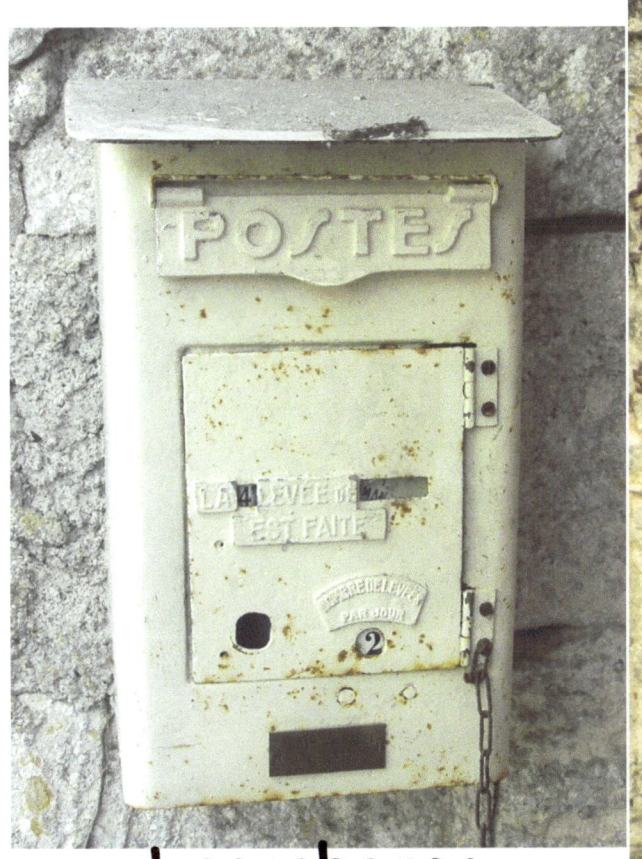

Lascabanes

Saux

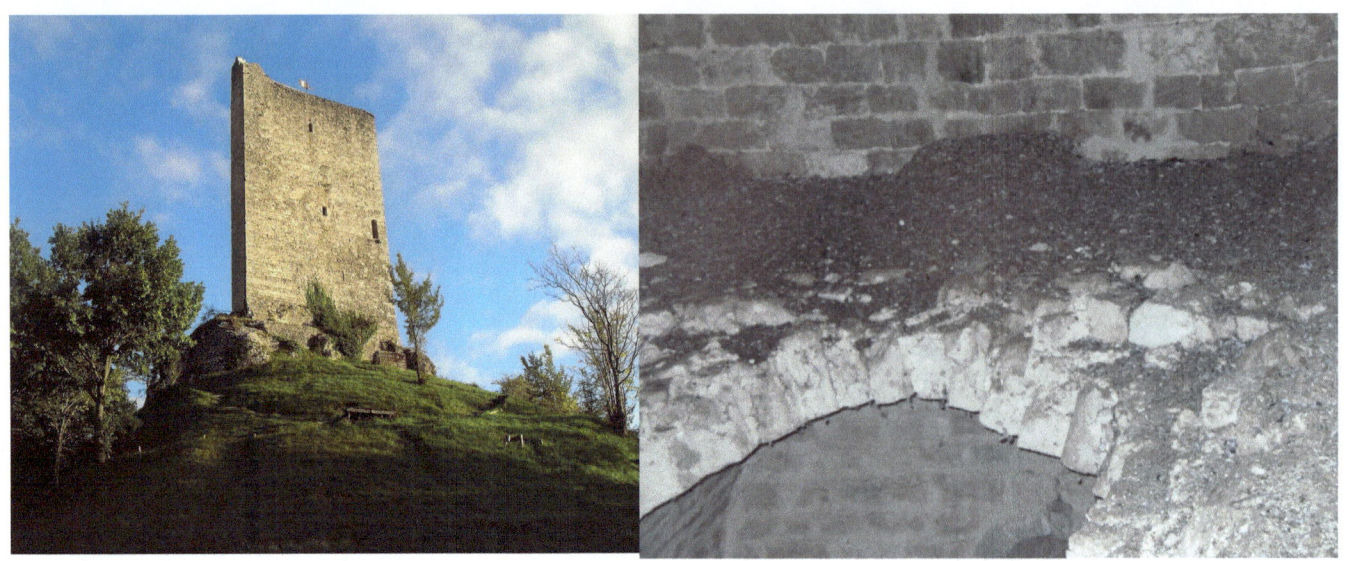

Longtemps l'intérieur de la Tour de Montcuq fut le paradis de la fiente de pigeons. Un combat www.montcuq.info naturellement jamais relayé par les médias officiels. Du haut de la Tour...

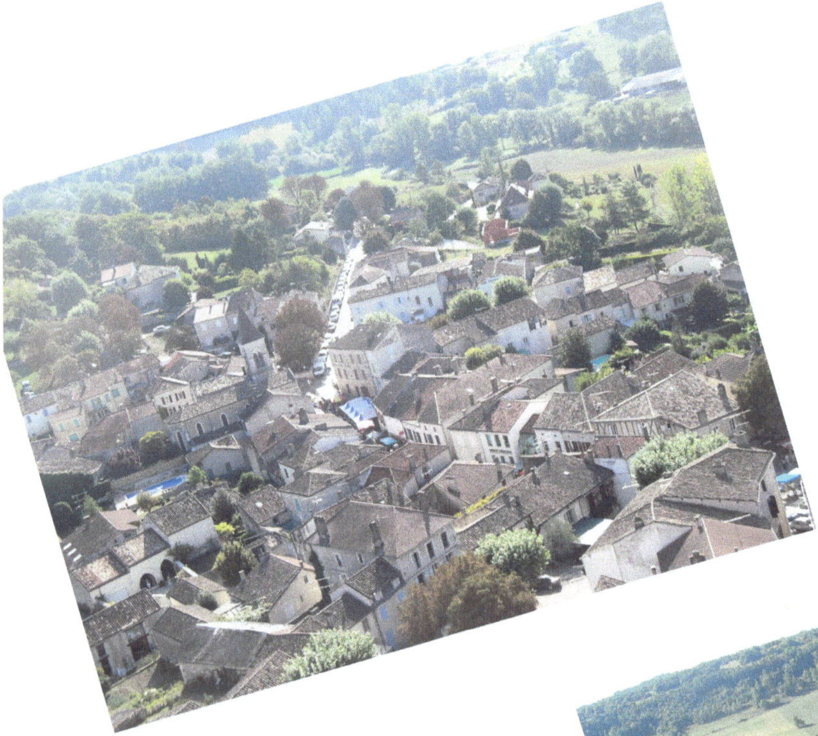

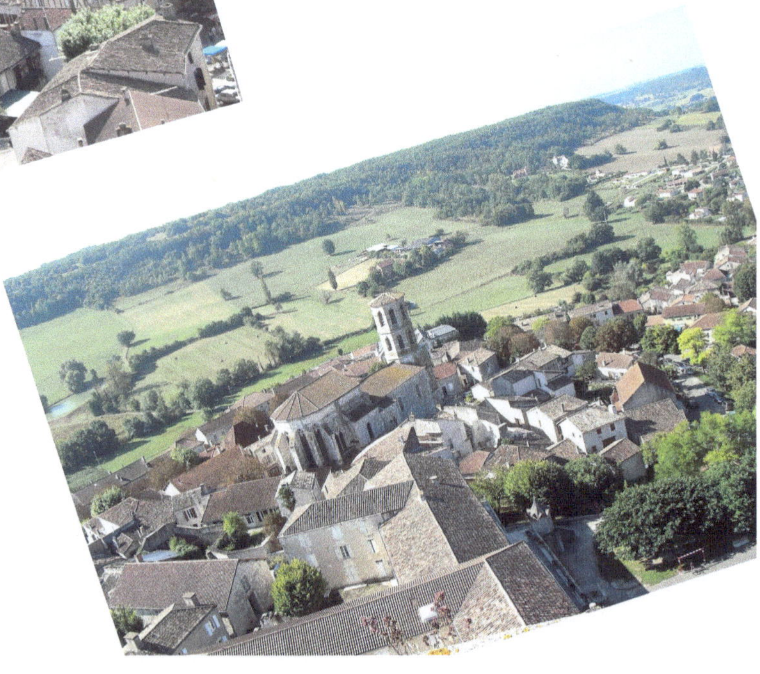

Communautés de communes... le seuil des 5 000 habitants

Les communautés de communes, de nombreux villages y furent réticents, opposés... mais y participent... l'arme des pressions et subventions entraîna les récalcitrants...

La loi sur la réforme des collectivités territoriales a obligé les communautés de communes à dépasser le seuil des 5 000 habitants...

Le 1er janvier 2014 naîtra officiellement la « *Communauté de Communes du Quercy Blanc* », un nouvel EPCI (Etablissement Public de Coopération Intercommunale) : fusion des communautés de communes de Castelnau-Montratier et de Montcuq.
23 communes, les 16 de Montcuq et les 7 de Castelnau (Castelnau-Montratier dont les 1847 castelnaudeaises et castelnaudeais lui assuraient déjà un incontestable leadership, Cézac, Flaugnac, L'Hospitalet, Pern, Saint Paul de Loubressac, Sainte Alauzie). Soit 7 800 habitants. Le conseil communautaire sera constitué de 44 membres : 22 pour l'ex-Castelnau et 22 pour l'ex-Montcuq.
Bureau également élargi : un Président, sept vice-présidents et deux simples membres.
Le siège social s'installera à Castelnau-Montratier, 37, place Léon Gambetta. L'administration et la direction à Montcuq, plus un pôle administratif à Castelnau. Deux services techniques, chapeautés par un directeur, un à Montcuq, l'autre à Castelnau. Les économies ne sont pas évidentes !

Les premiers changements... seront financiers...

Selon leur quotidien... du 17 juin 2013 « *Montcuq. La fusion est en marche* »

« Le conseil communautaire de Montcuq s'est réuni le vendredi 14 juin, à la salle des fêtes de Saint-Laurent-Lolmie, sous la présidence de Bernard Borredon. L'essentiel de la réunion a porté sur la future entité du Quercy blanc. Les vice-présidents en charge des différentes commissions ont fait le point sur l'avancée des travaux avec Castelnau-Montratier. (...) Pour le volet financier, Bernard Vignals a présenté un budget prévisionnel de 4 400 000 € établi pour la nouvelle intercommunalité.
Les impôts et les taxes n'ont pas été définitivement fixés, deux modes de calcul étant possibles, mais afin de lisser les taux qui sont différents pour les deux cantons une augmentation sera appliquée à Montcuq et une baisse à Castelnau-Montratier... »

Une fusion en marche mais aucune information aux citoyens... Il faut lire en ligne des articles de leur *Dépêche du Midi*, dont on peut douter de l'impartialité quand on sait qu'elle appartient à Jean-Michel Baylet, également président du PRG... Un canton sans information...

La représentation du canton, devant l'Espace Animations de Montcuq

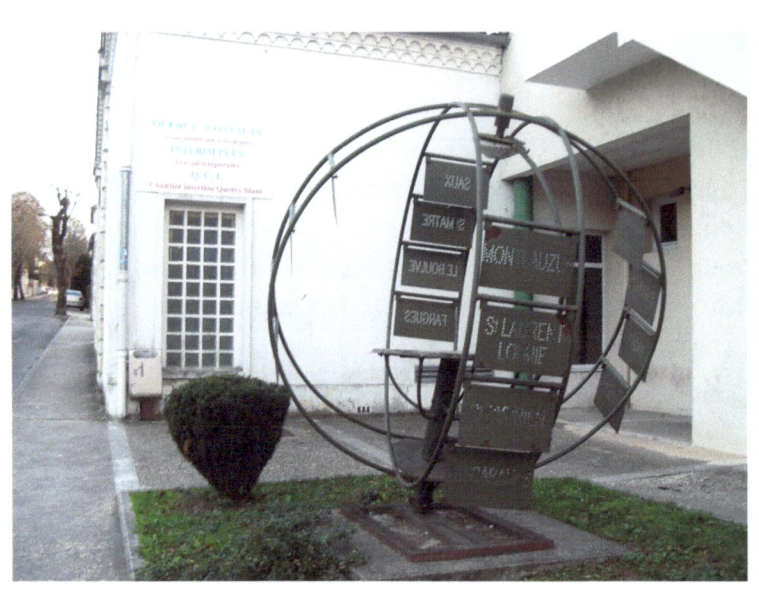

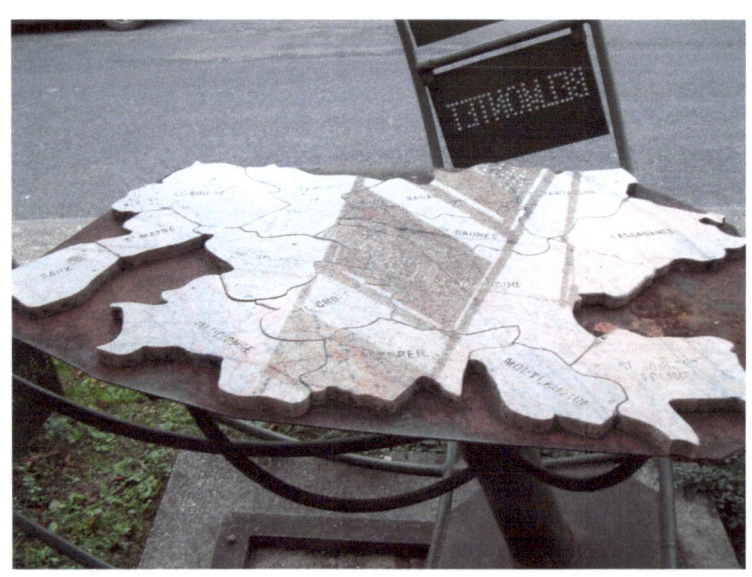

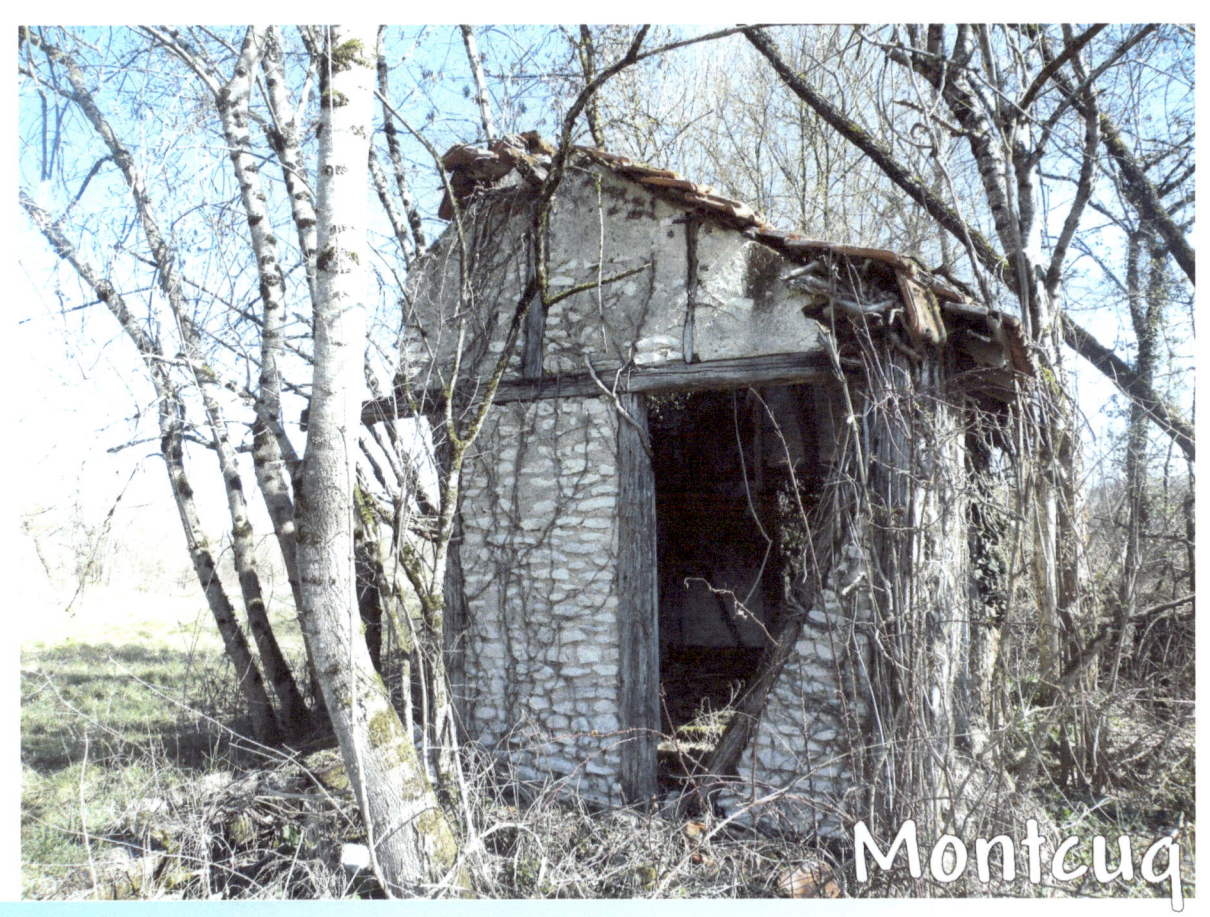

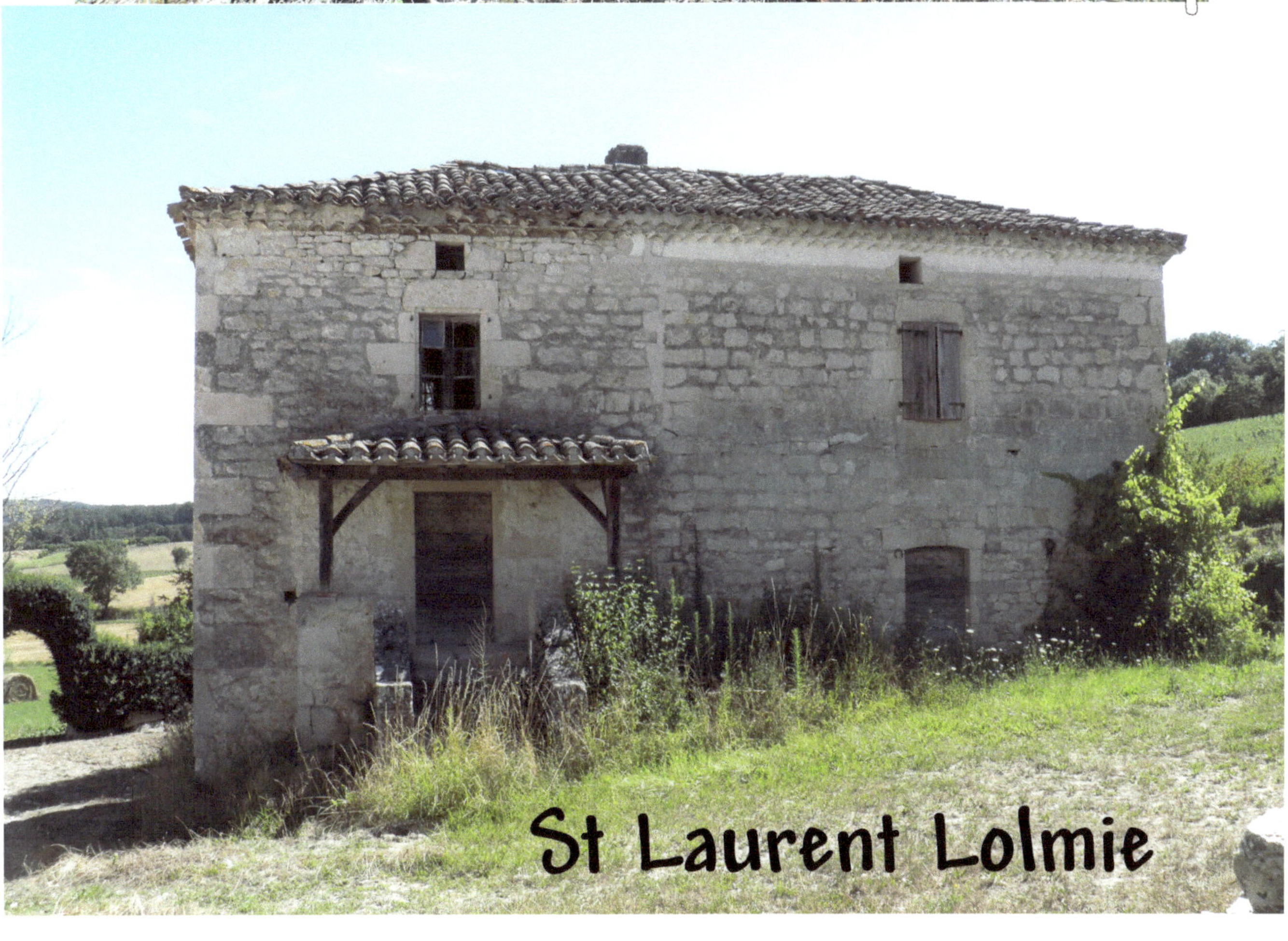

Les Dernières Pierres

Suffit de refaire la charpente
L'assise est bien portante
C'est de la bâtisse bicentenaire
C'est de la vraie pierre blanche dit le notaire

Plus de vingt ans qu'elle est en vente
Que gagnent les plantes rampantes
Déjà un mur se fissure
L'eau infiltrée ne s'assèche qu'en été

*Les dernières tuiles vont tomber
La grande poutre est courbée
Y'a bien longtemps que des enfants
Ont fait disparaître les fenêtres*

Plus de vingt ans qu'est mort l'Hector
Ses fils partis à Paris
Jamais n'ont remis les pieds
Dans ce trou ce bled ce bourbier ce guêpier

Ça fait trois générations
Presque tous les jeunes s'en vont
Une à une nos grandes maisons
N'abritent plus que des lapins en gîtes

*Les dernières tuiles vont tomber
La grande poutre est courbée
Y'a bien longtemps que des enfants
Ont fait disparaître les fenêtres*

Un jour de s'agglutiner
Les gens en seront bassinés
Voudront air pur et nature
Vu qu'Internet va relier la planète

Mais est-ce que les pierres tiendront
Jusqu'à cette révolution ?
J'ai peur que des promoteurs
Nous fassent des cages à rupins en parpaings

*Les dernières tuiles vont tomber
La grande poutre est courbée
Y'a bien longtemps que des enfants
Ont fait disparaître les fenêtres*

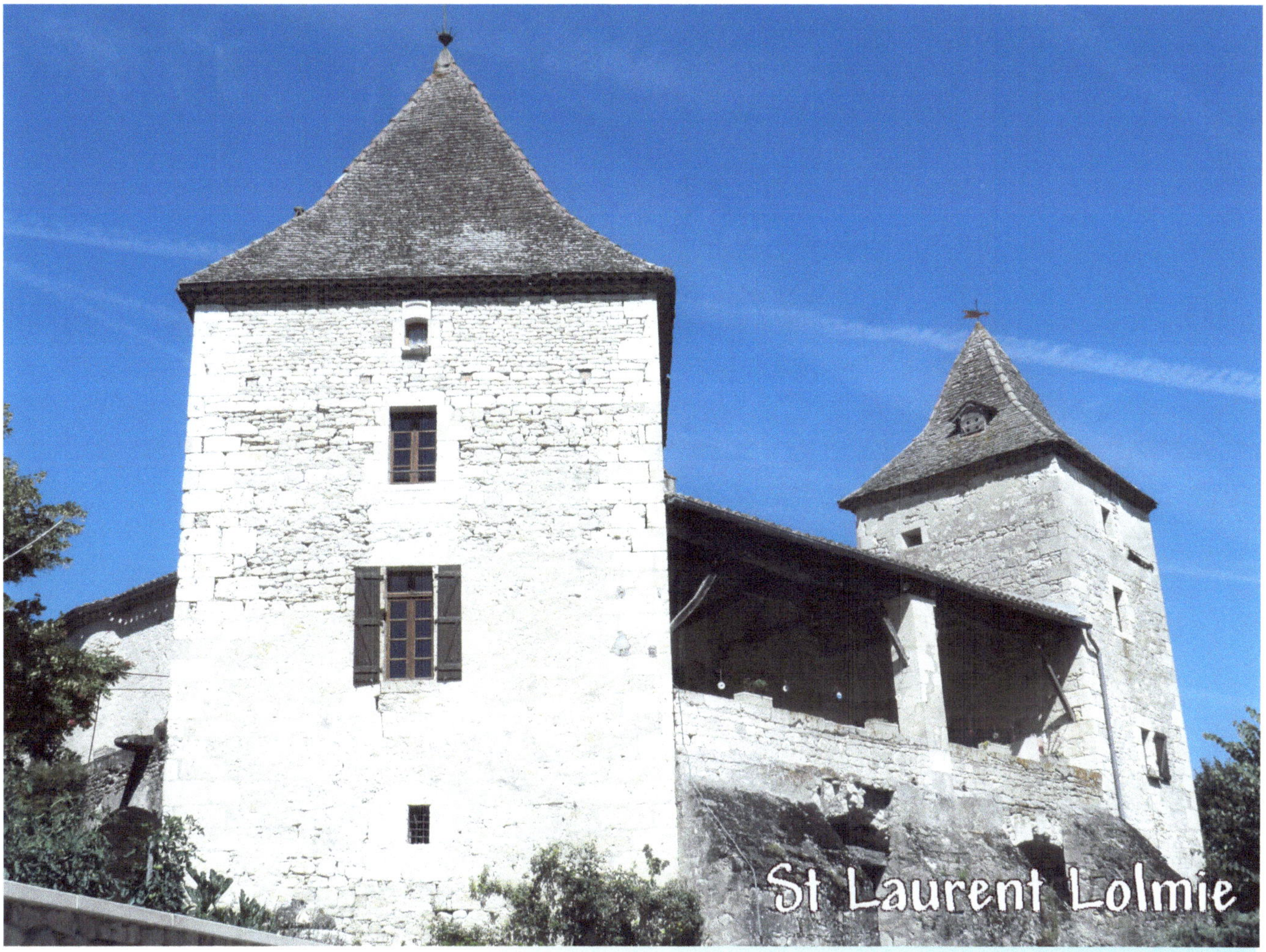

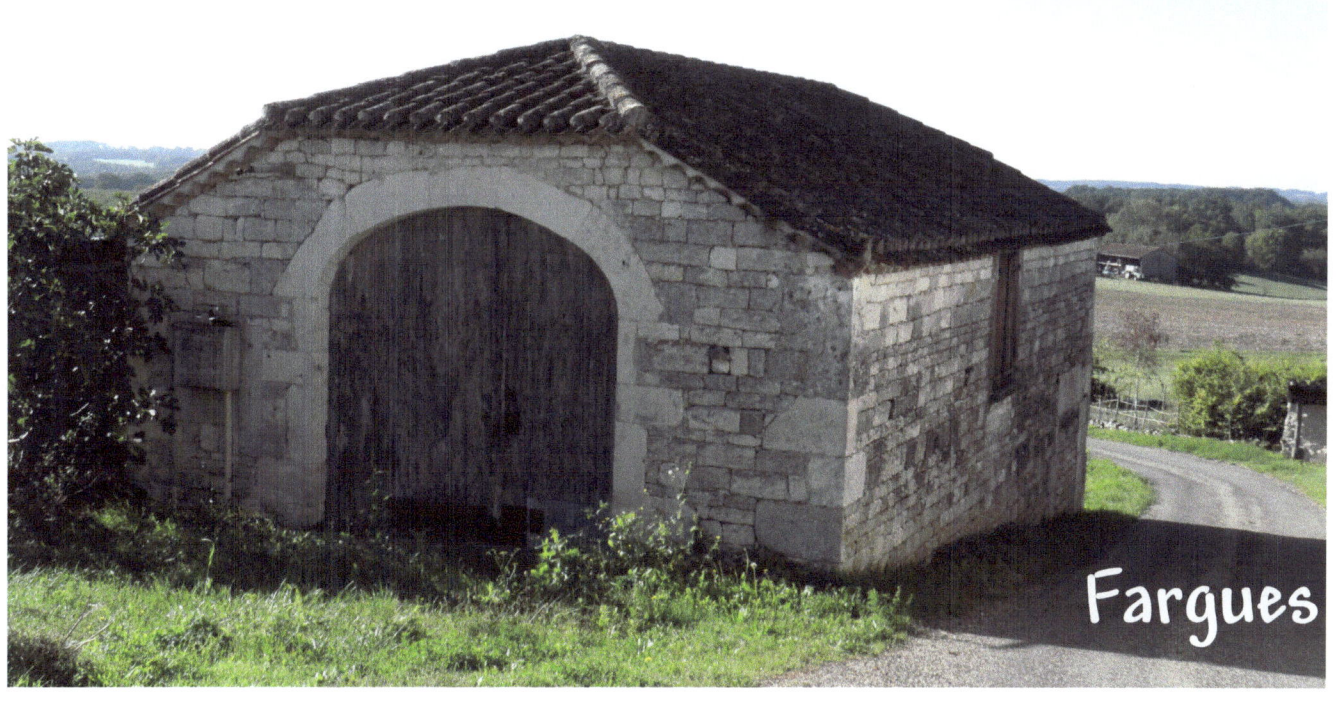

La beauté...

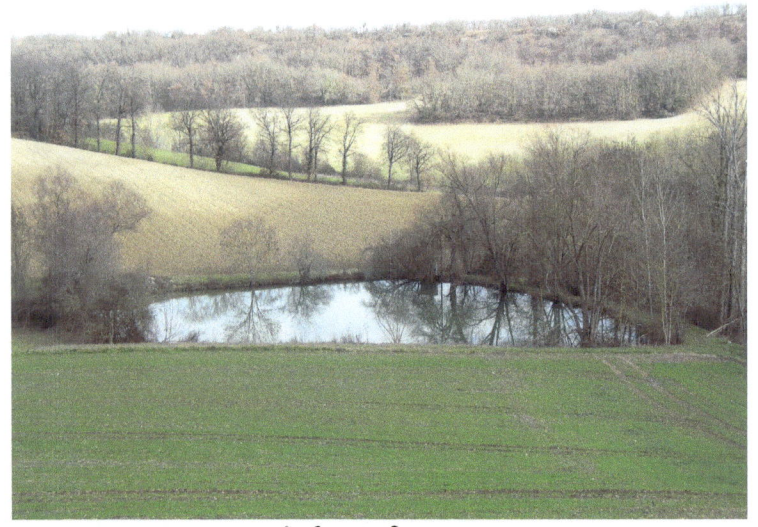

Montcuq

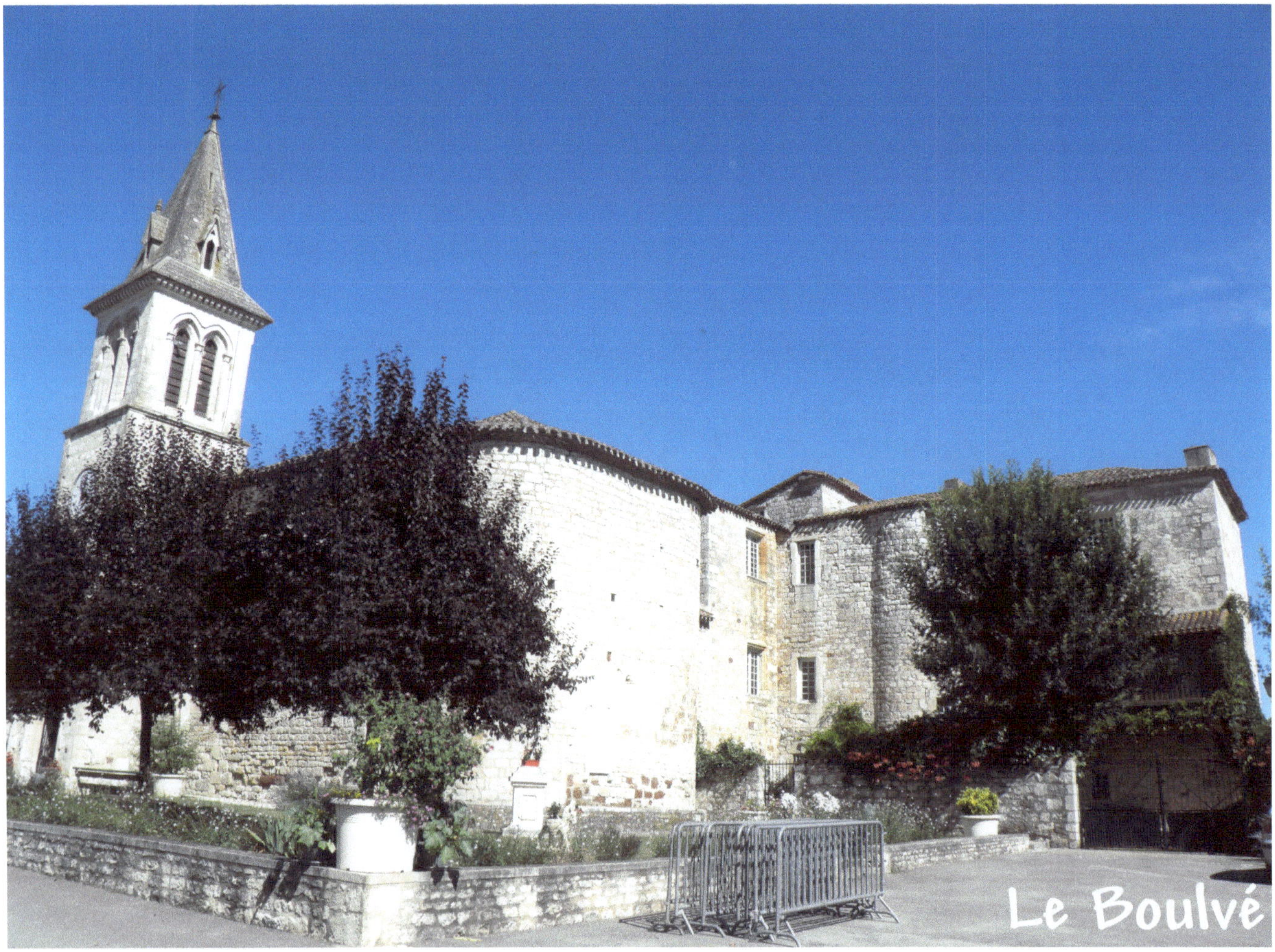

Le Boulvé

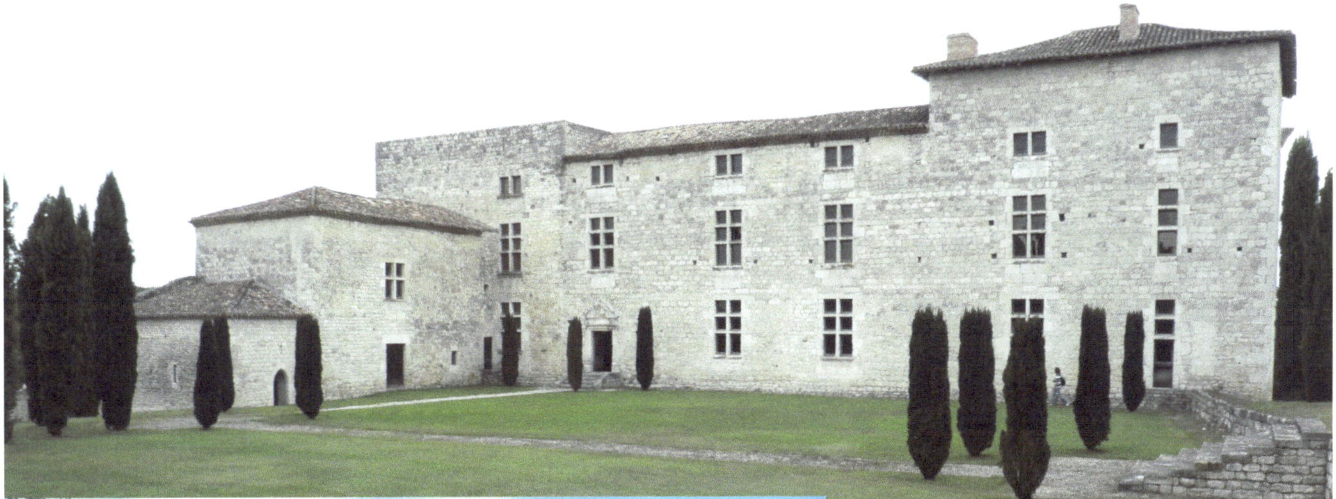

Sainte-Croix
Château de Lastours

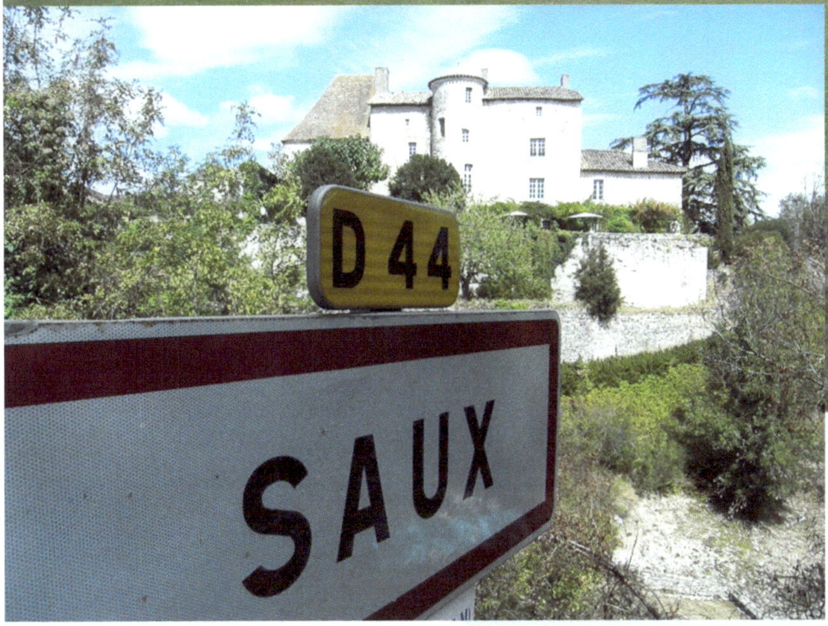

La Révolution a épargné de nombreux châteaux dans le canton...

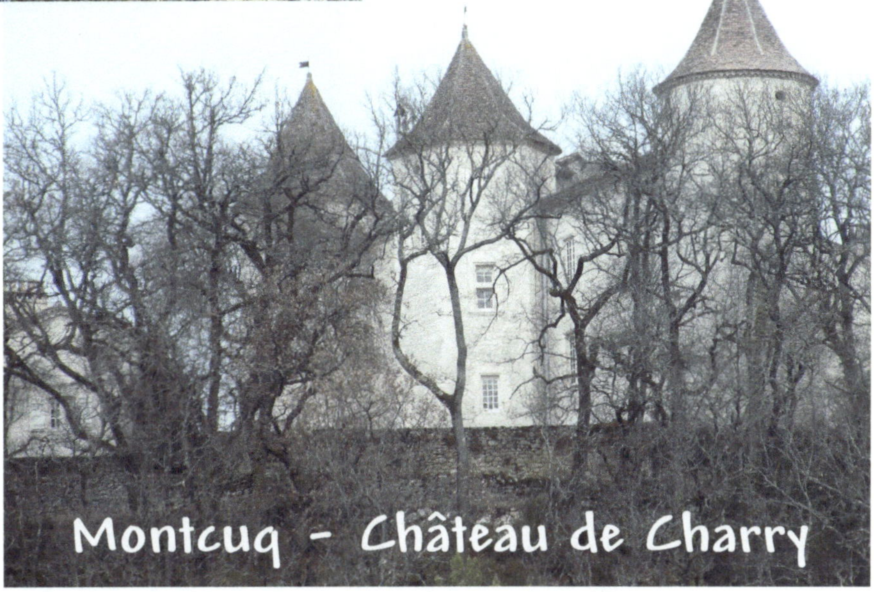

Montcuq - Château de Charry

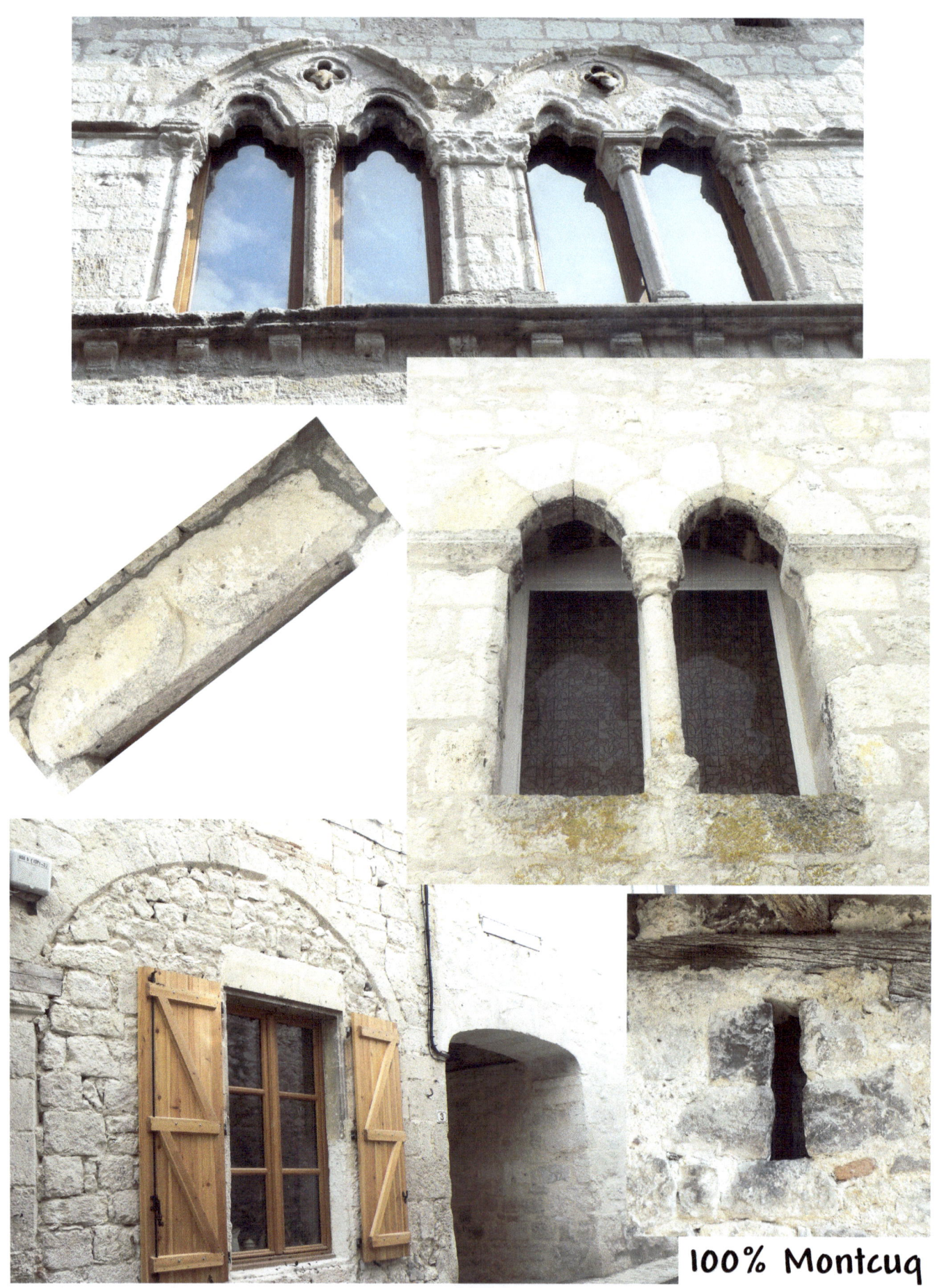

100% Montcuq

Paroles de Guy Lagarde. Maire de Montcuq depuis 2008

Dans *la vie Quercynoise*, 21 février 2013.

- En cette période de crise, comment se portent le commerce montcuquois, ainsi que les finances de la commune ? Comment jugez-vous le dynamisme de la vie associative locale ?
- Le commerce local, avec une zone artisanale dynamique et une diversité de commerces, se comporte comme il doit se comporter, en milieu rural.
Du côté des finances de la municipalité, on se prépare à de mauvais jours. En effet, les financements ne seront pas à la hauteur de nos espérances. Ceci nous contraindra à opérer des choix, en vue de ne pas alourdir la pression fiscale des contribuables de nos zones rurales. Néanmoins, Montcuq conserve un niveau d'endettement satisfaisant.
J'observe et je salue que la vie associative est très dense, grâce aux nombreux bénévoles.

[C'est peut-être infondé mais un rire éclate en lisant « *le commerce local, avec une zone artisanale dynamique et une diversité de commerces, se comporte comme il doit se comporter, en milieu rural.* » Pas vous ?]

- Quel regard portez-vous sur la nouvelle gestion de la Communauté de Communes du canton de Montcuq ? Qu'apportera, selon vous, la fusion prochaine avec la Communauté de Communes de Castelnau-Montratier, pour notre territoire ?
- Pour ma part, je suis satisfait du travail entrepris par la Communauté de Communes, avec ses nouveaux élus, qui me semble aller dans la bonne direction.
Nous sommes en train de travailler, sur la fusion avec Castelnau-Montratier, en harmonisant nos modes de fonctionnement, notamment en ce qui concerne la fiscalité. Alors que le périmètre de la future Communauté de Communes du Quercy Blanc a été signé par le préfet en décembre dernier, c'est à nous, élus des deux territoires, de la mettre en place, avec un souci d'équité.

- Que retiendrez-vous de l'action de Daniel Maury (...) ?
- Daniel Maury a beaucoup travaillé, pour la commune de Montcuq et son canton. Il a été l'instigateur de la création de la Communauté de Communes de Montcuq, qui rassemble l'ensemble des communes du canton. M. Maury a aidé toutes les communes du canton, avec un effort particulier pour Montcuq, ville dont il a été le premier magistrat.

[Ce fut d'ailleurs son argument le plus convainquant lors de la réunion publique à Montcuq, pour inciter à le reconduire au poste de Conseil Général : il est préférable que l'élu soit du village. Clientélisme ?]

Pour l'Histoire locale, il convient d'ajouter de M. Lagarde, en février 2012, une réponse à une interpellation de leur *Dépêche* :

- Quelles mesures comptez-vous prendre après la destruction de la chapelle Saint-Jean de la Rivière, rasée par son propriétaire ?
- Je regrette ce qui s'est passé. Nous allons en débattre prochainement avec le conseil municipal. Je suis prêt à instituer un permis de démolition et à dresser une liste exhaustive des bâtiments à préserver, au titre du patrimoine local. Nous allons nous rapprocher des Bâtiments de France pour prendre conseil et voir ce qu'il y a lieu de faire en ce sens.

Sainte Justine témoigne dans les pages suivantes des mesures de protection prises... sur un patrimoine propriété de la commune... et classé aux Monuments Historiques...

Montcuq... années 2000-2010...

Dans le canton de Montcuq, il est de bon ton (cantonal) de proclamer les élus dignes héritiers d'un grand homme : Maurice Faure... « un radical »... « les valeurs du radicalisme »...
Où l'on trouve le lien entre Robert Hersant, élu en 1956 sur une liste de cette grande famille si accueillante et Maurice Faure qui présida un groupe à l'Assemblée Nationale où siégeait l'ancien collabo...

Le maire de Montcuq, non content d'être comme chez lui à *La Dépêche*, s'est offert une promo cantonale : président d'honneur d'un trimestriel gratuit déposé dans les boîtes aux lettres.
Problème : le financement de ce « *le petit canard* », si significatif : Crédit Agricole (le président du Conseil d'Administration du Crédit Agricole de Montcuq est le maire d'un village du canton... ayant appelé à voter pour le maire de Montcuq aux élections cantonales), la Banque Populaire (le vice-président délégué de la Banque Populaire Occitane, après avoir été président de la Banque Populaire du Quercy et de l'Agenais de 1984 à 2002, est le maire d'un autre village du canton... ayant appelé à voter pour le maire de Montcuq aux élections cantonales), la communauté de communes (présidée par le maire de Montcuq), la SAUR (production et distribution d'eau potable, dont le siège régional est situé à Montcuq, en contrat avec de nombreuses communes).
Financement sûrement légal ! Tisser sa toile...

La petite Maurytanie

En janvier 2007, je publiais (livre papier) "*Montcuq : libérer la petite Maurytanie*" dans "*Global 2006*". Le texte fut et reste abondamment présenté sur Internet. Aucune réaction officielle. J'ai parfois recroisé Daniel Maury. La dernière fois, le 6 mars 2008 : il souhaitait poursuivre sa carrière, avec un nouveau mandat de Conseiller général.
Je m'étais rendu une fois dans son bureau de maire de Montcuq, après qu'un employé communal n'ait pas respecté le droit de vendre des livres sur la voie publique, même les jours de marché, quand aucun décret local ne l'interdit. C'était le 25 juillet 2002. Il s'était voulu aimable, "de gauche"... Lui ayant alors proposé l'organisation d'un salon du livre, en partenariat avec salondulivre.net, j'avais compris son peu d'enthousiasme aux initiatives culturelles "individuelles", son souhait d'un contrôle par des inféodés... Peu après fut lancé un "festival de chansons" avec Daniel Maury sur les photos et en programmation les ami(e)s de l'organisateur. Mais c'est subventionné !

Montcuq, jeudi 6 mars 2008, "espace Animations", à partir de 21 heures. Environ soixante assis. J'arrive quand le Conseiller Général en exercice s'avance vers le pupitre, il nomme sa remplaçante, Jeanine Ausset, maire de Saux, souhaite qu'elle ne le remplace pas ! Sans note, l'homme a des difficultés à justifier pourquoi elle est sa colistière. Il ne lui donnera pas la parole de la soirée, elle ne la prendra pas. Elle ne semble guère motivée... Il se dit d'ailleurs qu'elle serait plus proche de l'UMP que de la gauche... Je l'observe parfois : elle a l'air de ne pas apprécier son rôle de potiche. Pourquoi l'a-t-elle accepté ? Je pense : il sera intéressant d'observer quelles subventions Saux obtiendra si monsieur Maury est réélu.
Mentalement je l'imagine, monsieur Maury, dans un cercle restreint pester « avec ces conneries de parité, il fallait une femme et il n'y avait qu'elle comme maire dans ce canton, elle m'emmerde ! »
Il est encore dans l'improvisation quand il se présente : « *vous me connaissez... je ne vais pas vous dire que je suis intègre...* » Là je me retiens de pouffer... naturellement, une telle phrase se veut une autoconsécration d'intégrité... Non, ne le dis pas, personne ne te croirait (toujours les pensées de l'observateur qui peut tutoyer lors d'une exclamation !)
Puis il se penche sur ses notes, et c'est parti... tagada tagada... le « léger » flottement est oublié... « ensemble continuons »... donnez au clan Maury toutes les clés du canton...

M. Maury justifie son cumul des mandats. Et d'ailleurs, ceux qui osent le critiquer, en feraient de même s'ils étaient à sa place. Quel argument ! Du même niveau : il vaut mieux pour Montcuq que le Conseiller Général soit l'élu de la ville... (question de clientélisme ?) Le but n'est donc pas de faire avancer les belles idées du radicalisme, justice sociale, équité ?... je plaisante... je sais bien...

Les questions n'en sont pas vraiment... sur l'eau, l'élu apporte un éclairage qui aurait dû scandaliser : Gérard Miquel souhaite un regroupement de sa gestion, que tout le monde en arrive à payer le même prix, et pour cela il détient l'arme fatale : couper les subventions aux mairies réticentes. Une moue semble signifier une désapprobation de cette option... mais il n'ira pas plus loin dans la critique, sûrement une loi non écriture du clanisme départemental. Et j'ose questionner sur le wifi, opposé à l'adsl. M. Maury ignore la loi de 1905 et 1907, relative aux lieux de culte et leurs conséquences sur la présence d'antennes sur les églises... il n'a pas vraiment de réponse. Difficile de faire la distinction entre adsl et wifi... santé publique... empoisonnement des populations... alors monsieur Michel Castagné se lève... je ne lui ai rien demandé mais sec, il se veut péremptoire, et assène « la vérité ». Naturellement ce soutien « historique » à M. Maury est applaudi... Il se prétend même avoir été attaqué sur montcuq.info et brode sur les attaques dont seraient victime également M. Maury... sous vos applaudissements... et toujours sec, limite agressif... Je ne me sens pas tenu de répondre. Il est des personnes avec lesquelles le dialogue est impossible... Quelle mouche a piqué ce petit notable inutile ?... ainsi l'auditoire aura oublié qu'en fait M. Maury n'a pas répondu à la question ? Aura retenu que monsieur Castagné n'a fait qu'une bouchée de celui qui a osé poser une question non autorisée ?

Très intéressant, pour l'observateur, cet « incident »... et les réactions...

Des hommes que je ne connaissais pas défilent au pupitre. Ils s'expriment sans se présenter, tellement il leur semble évident que tout le monde les connaît. Leur message : votez Daniel Maury. Pourquoi ? parce que c'est lui – aucun argument crédible. Et ils attaquent les candidats qui osent critiquer le chouchou.

Dès le coup de sifflet final, je pars rapidement. Pas envie de parler à qui que ce soit dans une telle ambiance...

J'ai senti la volonté d'imposer ce qui plaît à un clan en prétendant qu'il n'y a pas d'autres solutions. Et faire taire toute voix divergente. Le candidat de la politique du diktat... et les inféodés sont les bienvenus.

Jeanine Ausset a hérité du poste au Conseil Général, où elle est estampillée PRG... ce qui surprend dans le canton ! Après petite enquête elle semble se considérer « sans étiquette » mais accepte le "tatouage".

« *Touché par des problèmes de santé qui ne lui permettent plus d'assumer ces fonctions avec la rigueur et l'engagement qui ont toujours caractérisé son action, Daniel Maury, conseiller général PRG de Montcuq vient d'envoyer sa lettre de démission au préfet du Lot, après en avoir averti le président du conseil général, Gérard Miquel* » notait sa *Dépêche du midi* le 4 octobre 2012. Le même quotidien, propriété de Jean-Michel Baylet, président du PRG, consacrait peu de place, finalement, à la dernière étape, publiée le 8 février 2013 : « *Daniel Maury, dans tous les cœurs* », sous-titré « *Un millier de personnes à Saint-Cyprien.* »

On ne peut rien reprocher à Laurent Benayoun : quand on accepte de travailler dans un tel "organe de presse", il faut suivre. « *Une immense foule a partagé, hier, à Saint-Cyprien, la douleur de la famille de Daniel Maury. L'ancien maire et conseiller général PRG de Montcuq s'est éteint lundi à l'âge de 66 ans.* »

Selon ses informations, la foule eut droit à de la musique, du Nino Ferrer « *On dirait le Sud* ». Saint Cyprien oblige ! Les « *élus (le conseil général au grand complet, les maires du Quercy Blanc), personnalités (Maurice Faure, Bernard Charles, très affecté, la veuve de Nino Ferrer) ont accompagné*

Daniel Maury ailleurs. » Gérard Miquel aurait parlé : « *Daniel était un homme attachant, passionné, engagé. Il était simple, tendre et humain avec les autres »*. Il n'est pas précisé s'il est parvenu à convaincre son auditoire de sa sincérité.
Dominique Orliac, la députée, non citée parmi les élus ni les personnalités, était bien présente, elle « *termina son hommage au bord des larmes. »* Auparavant, elle avait, à son tour, salué « *l'humaniste au lien si fort avec le Quercy Blanc. Il avait imprimé son empreinte à ce territoire. Daniel était aimé et respecté. Il était fidèle à ses convictions radicales et républicaines. C'était un homme de terrain, qui avait le sens du consensus»*. Pour le médecin devenue amie "*Daniel regardait la maladie sans ciller. C'était un géant d'amitié"»*. Un géant ! Vu de quelle fourmilière ?

Trois jours plus tôt, le même journaliste avait été chargé, dans un article plus long, d'apprendre la nouvelle à son fidèle lectorat, osant même écrire, faute peut-être de vocabulaire plus dithyrambique (mot peut-être inconnu des abonnés) : « *L'élu de Saint-Cyprien, et du canton de Montcuq, était un homme respecté de tous. Un élu engagé, proche des gens et défenseur acharné de sa terre. »* Peut-être qu'au montage une précision fut gommée "Proche des gens du PRG." Quant à la formule sur l'homme respecté de tous, c'était certes la circonstance pour la placer et il est vrai qu'on ne m'a pas signalé de feux de joie ni d'artifice, pas même de défilés. Je pense qu'il y eut une grande indifférence : si ce n'avait pas été lui, c'aurait été un autre ; c'est le système qui est mauvais, qu'il faut changer, les opportunistes qui accaparent les places méritent un simple sourire insoumis, sûrement traduit dans de nombreux foyers par l'envie de reprendre l'apéritif ou des pâtes aux œufs frais. Il eut également droit à ce qui peut s'assimiler à un certificat de Paradis : « *Une figure du radicalisme lotois vient de disparaître. »* Un passage essentiel pour qui veut comprendre, peut-être même comprendre la vie ! Le journaliste n'y a peut-être pas pensé, se contentant de rapporter des faits, ce qui est tout à son honneur... « *Sa carrière politique, qu'il avait dû délaisser du fait de sa maladie, aurait pu prendre une autre tournure en 2002. Daniel Maury avait, en effet, remplacé au pied levé Bernard Charles, député de la première circonscription, qui avait renoncé à se présenter aux législatives. La désunion de la gauche ajoutée à la Berezina de la défaite de Lionel Jospin avaient conduit son adversaire de droite, Michel Roumégoux, à la victoire. Daniel Maury avait été blessé par cet épisode. Il s'en remit lentement pour repartir à l'assaut, se réfugiant sur ses terres du Quercy blanc et au bord des terrains de foot, son élément naturel. »*
Daniel Maury blessé de ne pas être député sur des terres qualifiées d'ancrées à gauche ! Il y a donc vraiment cru ! Il y perdait même rapidement, après cette aventure, son bref leadership lotois, remplacé par la femme au bord des larmes en 2013, qui elle réussirait à l'emporter en 2007. Il dut alors comprendre qu'il ne serait jamais député... tout était perdu ! Tellement de pouvoirs mais incapable de franchir la marche suivante ! Devoir se limiter au canton de Montcuq, et peut-être ne même pas résister à la fusion avec celui de Castelnau-Montratier ! Est-ce par cette blessure qu'est entrée la maladie ? C'est fragile, une vie, "un rien" peut la briser...
Parmi les réactions, celle de Martin Malvy, qui ne se déplacerait donc pas à l'enterrement : « *C'est avec beaucoup tristesse que j'apprends la disparition de Daniel. C'était un homme d'action, un élu rigoureux, passionné par ses fonctions de maire, de président de communauté de communes. Daniel a longtemps présidé l'office HLM du Lot. Il s'était là aussi dévoué au développement de notre département. »*
Il convient donc d'en conclure qu'il n'y eut ni réaction ni accompagnement à la dernière demeure, chez Jean-Michel Baylet, pour lequel Daniel Maury fut pourtant un bon soldat cantonal. Eh oui, mec, fallait au moins devenir député, alors là peut-être même serait-il venu accompagné de Sylvia Pinel.

Lundi 15 décembre 2008, soit quelques mois après sa réélection au Conseil Général, Daniel Maury laissa son fauteuil de maire à son premier adjoint, Guy Lagarde. Une forme de continuité : un ancien assistant parlementaire de Bernard Charles puis de Gérard Miquel. Aucune "révolution culturelle." Un

jour peut-être un maire essayera de rattraper l'indécence de certains comportements... quand les vieux seront sous terre, et que nous serons des vieux à notre tour !
Les mauvaises langues ont osé en conclure qu'on peut rester au Conseil Général même si l'on n'est plus en capacité d'exercer son travail de maire...

Montcuq : libérer la petite Maurytanie (2006). Le texte originel.

Dire Lot est un mensuel lotois. Pascal Serre, directeur de la publication, titre son éditorial, en février 2004, « *les clans ont la vie dure* ». Il y dénonce « *le fameux clientélisme dont, à l'époque, personne ne s'est plaint et, sur lequel, aujourd'hui se vautrent toutes les excuses des retards constatés.* »
[précision 2013 : « *ceux qui accusent les autres de clientélisme sont souvent ceux qui n'ont pas réussi à être élu ou réélus. Faire de la politique, c'est être à l'écoute et, par définition, chercher à rendre service* » pourrait lui répondre Martin Malvy dans "*Des racines, des combats et des rêves*", ses entretiens avec Jean-Christophe Giesbert et Marc Teynier, publiés le 7 octobre 2010, par Michel Lafon]

Gérard Miquel était annoncé successeur probable de Jean Milhau, une manière de tourner la page PRG, Parti Radical de Gauche, dont les origines sont détaillées plus loin : 1958-1967, avec « *l'implantation de Maurice Faure* » : « *ce que l'on a nommé le faurisme, établi sur les faiblesses géographiques et démographiques du Lot, constitué par un clientélisme qui faisait dire que 'tous ont mangé dans la main du César républicain.'* »

Quelques mois plus tard, Gérard Miquel s'est lové dans le moule de ses prédécesseurs, ajoutant même une dose de populisme avec « *une large consultation* » sur l'avenir du Lot (surtout une manière de se faire connaître des lotois !... la forme rappelle la consultation d'Edouard Balladur au temps de ses rêves élyséens), et *Dire Lot* titre, sans état d'âme apparent, en novembre 2005 : « *Daniel Maury, l'enfant du* pays »... quasi publi-reportage où le président du PRG lotois intronise naturellement Maurice Faure quand on lui demande son « *homme célèbre* », le propulsant ainsi à la même hauteur que Marie Curie sa « *femme célèbre.* » Le petit jeu de « *la vie en questions* » permet de cerner le notable : Thierry Ardisson « *tout le monde en parle* » en émission préférée, Alain Delon comme acteur, Brigitte Bardot actrice... La question de l'écrivain préféré brille uniquement par son absence.
Aucun commentaire quand il assène « *les valeurs démocratiques, laïques et républicaines du radicalisme me vont comme un gant* »... sûrement un gant de boxe pour massacrer toute velléité d'insoumission au pays du clientélisme (Robert Hersant et Bernard Tapie sont entrés en politique via ce parti...).
Doit-on en conclure que *Dire Lot* misait sur Gérard Miquel... et soutiendra « loyalement » la majorité unanimité départementale PS-PRG et divers ralliés ?
Je suis arrivé dans le canton en 1995... naturellement le notaire avait évité de m'informer qu'un projet de ligne à très haute tension passait à cinq cents mètres de là.
Une décennie et les réseaux sont disséqués !
« On ne peut rien y changer, ici c'est comme ça... »
La politique des clans est discrète, sans fuite dans les médias...

Un seul quotidien dans le département : *La Dépêche Du Midi* de Jean-Michel Baylet (aussi président de ce PRG) ; un trimestriel distribué gratuitement sur le canton : *Le Petit Canard*... président d'honneur Daniel Maury, financé par la communauté de communes (présidée par le même), le Crédit Agricole (le président du Conseil d'Administration local, est un maire du canton, un soutien du même), la Banque Populaire (un membre du Conseil d'administration de la Banque Fédérale des Banques Populaires est aussi vice-président délégué de la Banque Populaire Occitane, après avoir été le Président de la Banque Populaire du Quercy et de l'Agenais... un maire du canton, appelant à voter pour le même), la Saur (service de l'eau implanté à Montcuq, contrats avec de nombreuses municipalités).

Ainsi Montcuq est un charmant, pittoresque petit village du Lot, popularisé par la télévision... où tout est pour le mieux dans le clan du Maury... Peut-être même qu'aucune pression n'est nécessaire sur la Banque Populaire, le Crédit Agricole et la Saur, les directions souhaitent souvent plaire aux « hommes forts » !

Le mieux est de s'y faire une petite place. Conseil ! La noble posture en France consiste à dénoncer le comportement des hommes politiques de droite au pouvoir. Mais c'est au niveau local que la démocratie se décompose, quand des élus utilisent l'étiquette « de gauche » pour mener leur petite carrière, ni de gauche ni de droite, simplement une rente de situation, une imposture.
Les petits avantages (comme une subvention à son association, une invitation à un vernissage, un passe-droit...) retiennent bien des langues. Mais aussi la certitude de ne pas intéresser au-delà du canton, finalement, avec ces dérives si fréquentes. Les bouffonneries cantonales intéressent moins que leurs compagnes nationales.

Pouvoir vivre sans subvention, sans médaille ni portrait dithyrambique dans la *dépêche du midi*, sans côtoyer les petits pantins, permet une liberté de parole accentuée par la possession du site montcuq.info.
Pourvoir s'exprimer publiquement est rare mais pas impossible. Michel Onfray, un dimanche sur France-Inter balance « *Agir là où l'on est en faisant les choses auxquelles on croit (...) Vivre en province, travailler en province, faire des expositions à Argentan, petite ville de sous-préfecture où j'habite, sans budget, sans l'aide des politiques locaux qui sont des nuls.* »
Quelques jours plus tôt, sur la même antenne, Renaud Donnedieu de Vabres, ministre de la culture se posait en garant : « *Il faut reconnaître que dans la France actuelle, les artistes ont une liberté d'expression un peu supérieure à celle du citoyen moyen.* »

Qui écrira STOP ? Est-ce qu'un jour l'un des soutiens osera le défier politiquement ? Ou ils attendront tranquillement pour prendre la place, profiter de ses avantages ? Le canton est condamné ? Combien d'années encore subirons-nous le décalage entre cette vieille politique et l'évolution du monde ? L'UMP et l'UDF sont nos seuls espoirs ? Ainsi progresse l'abstention.

2006 : Premières élections en Mauritanie, depuis le putsch militaire qui a brisé la dictature au pouvoir durant deux décennies.

[Seule la finitude, la maladie puis la mort, peut sortir les vieux élus PS-PRG du Lot ? La hausse du vote FN, pourtant sans véritables figures dans la région Midi-Pyrénées, devrait constituer un élément de réponse au découragement démocratique. Oui, "des gens de gauche" finissent par voter FN car ils considèrent comme des usurpateurs ces hommes et quelques femmes avec l'étiquette "gauche"]

> L'agriculture reste le plus souvent à dimension humaine même si certains ont tendance à encore croire qu'ils nourrissent le pays donc ne doivent pas être embêtés avec des questions de pollutions et de respect du patrimoine. Les tournesols ne sont pas plantés pour permettre aux touristes de belles photos... Il reste quelques vaches laitières et moutons dans le canton. « *J'aime les moutons, les vrais* » fut publié en mars 2013 ; il existe la même approche avec les ânes.
> --->

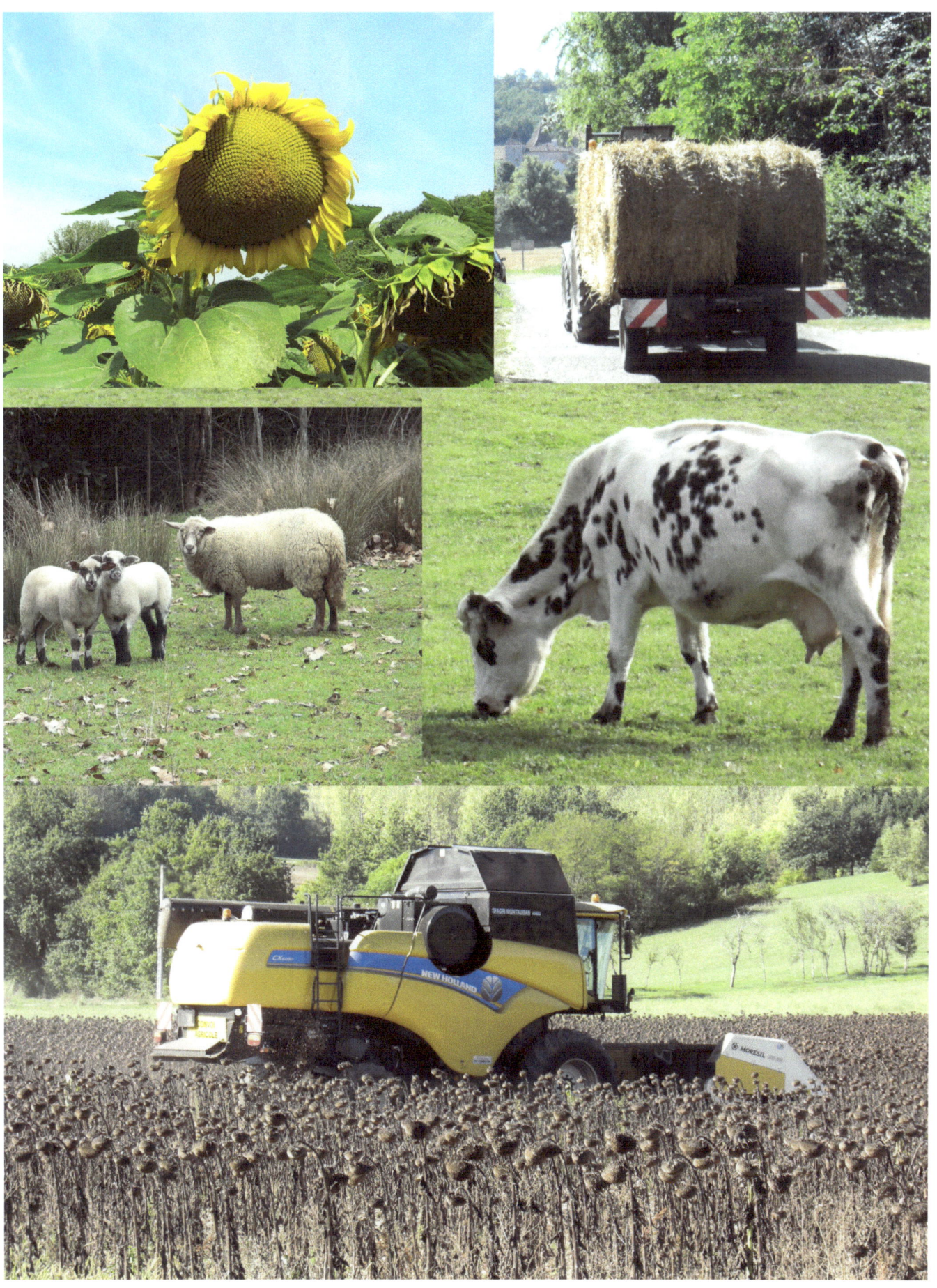

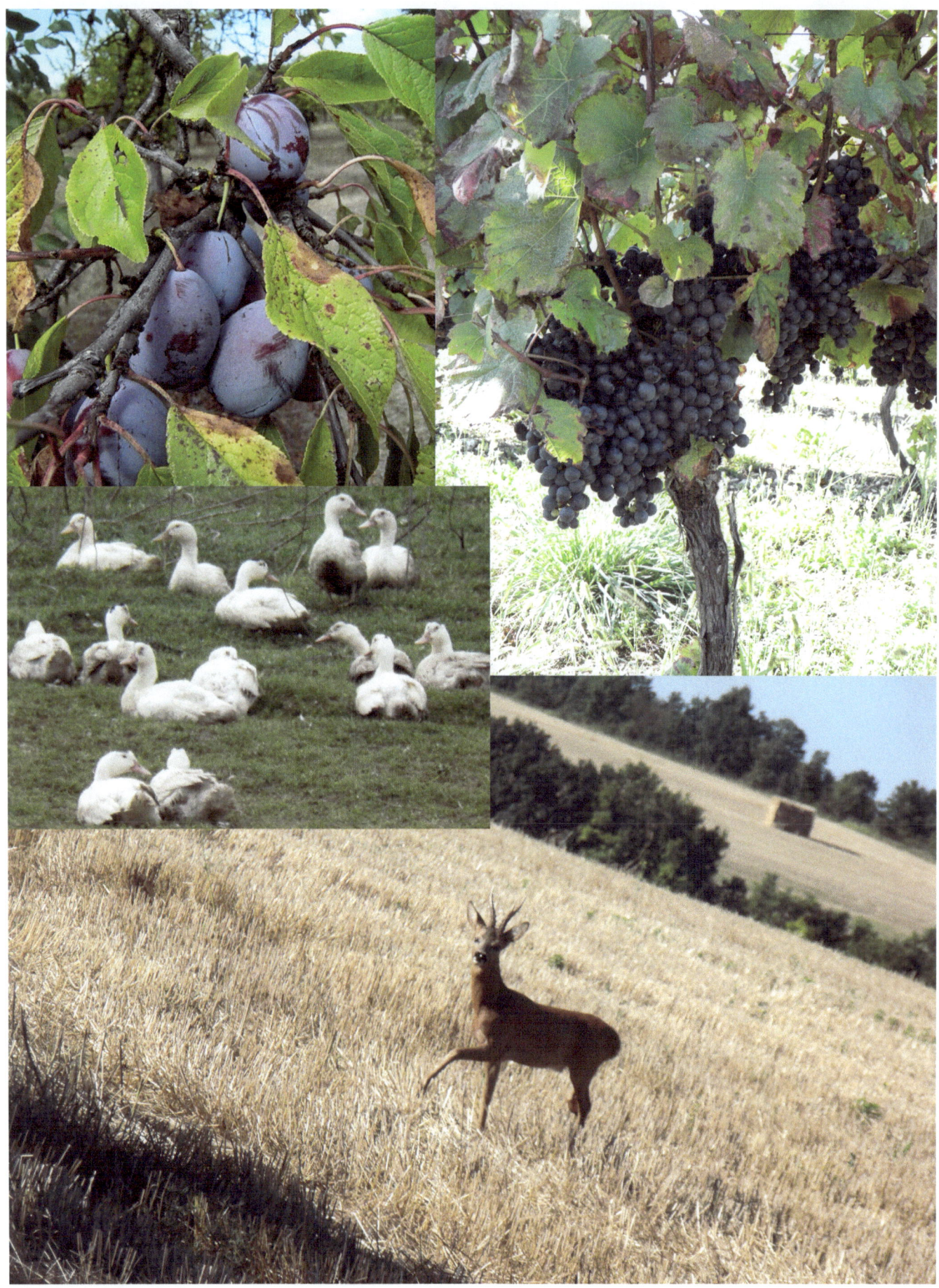

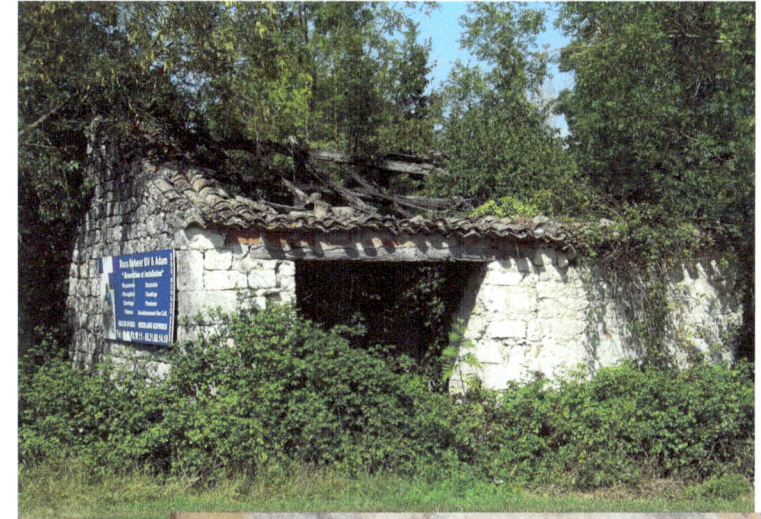

A lire, du même auteur :

La grange de Montcuq était une chapelle du XIIIeme siècle

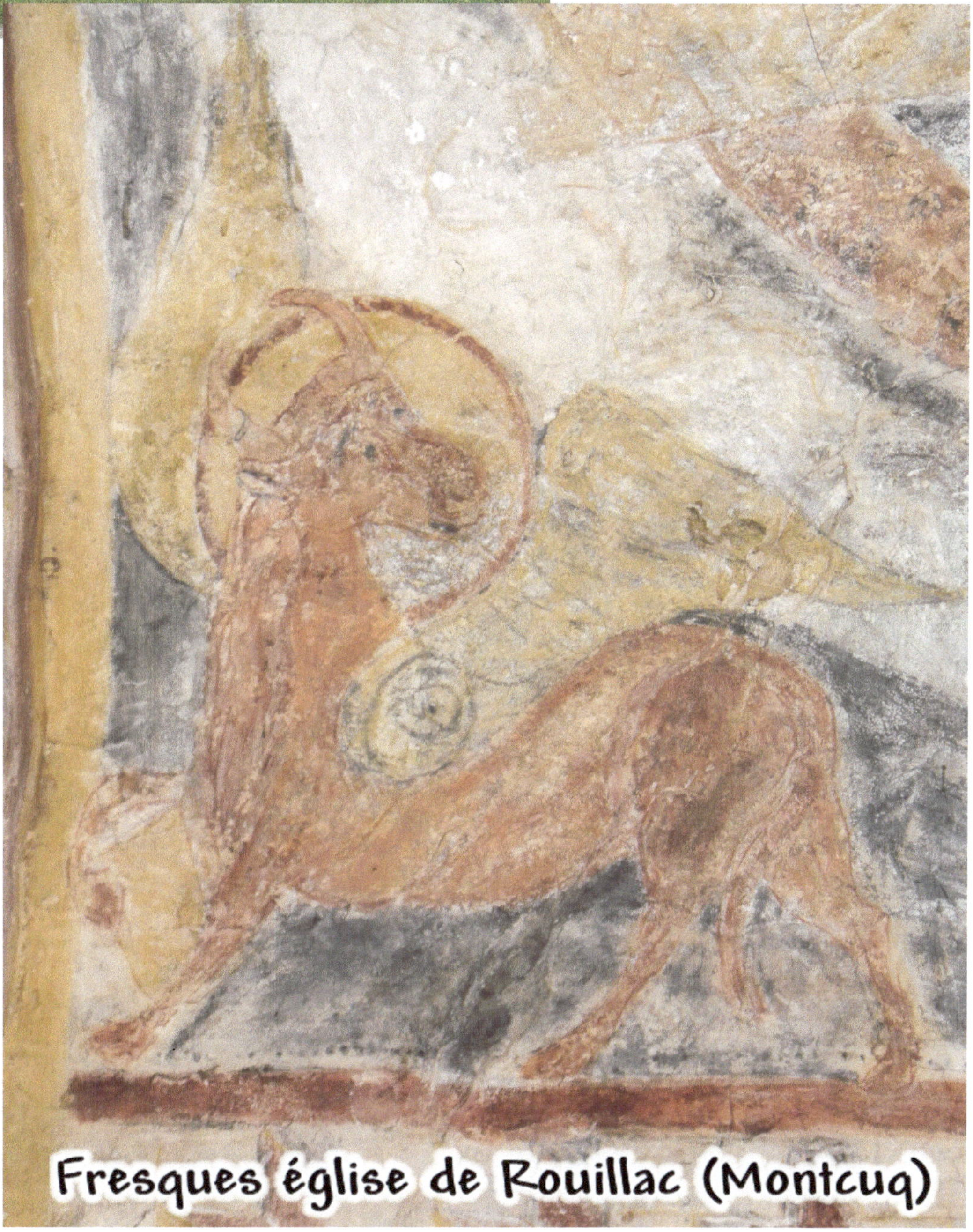

Fresques église de Rouillac (Montcuq)

THT

En 1998, dans le roman "*liberté, j'ignorais tant de Toi*", j'insérais "*Entre Cahors et Astaffort*", un texte catapulté chanson d'opposition au projet de la ligne à Très Haute Tension qui devait amener à Cahors l'électricité produite par la centrale nucléaire de Golfech. Mes romans s'imbriquent dans la réalité...

Entre Cahors et Astaffort

Entre Cahors et Astaffort
Y'a des rêveurs qui rêvent encore
Ils jouent des mots, des métaphores
Et chantonnent la vie sans effort

Mais entre Cahors et Astaffort
Sur la Garonne, y'a Golfech
Au bout des cannes à pêche
De l'uranium, leur uranium

Si tout l'monde ici s'endort
Bientôt de Golfech à Cahors
Sur de grands pylônes piailleront
Les gros fils d'affront à région

Entre Cahors et Astaffort
Y'a des rêveurs qui rêvent encore
Sur la Garonne y'a Golfech
Faut ranger les cannes à pêche

De grands patrons plastronnent
Vive l'industrie Vive l'industrie
Et tant pis pour les p'tits mômes
Sur le tracé du Dieu progrès

Entre Cahors et Astaffort
Ils agissent les utopistes
Pour qu'il sonne le droit des Hommes
Aux oreilles des affairistes

Entre Cahors et Astaffort
Les révoltés rêvent encore
Que jamais leurs volts ne nous survolent
Qu'le Quercy n'passe pas à la casserole

Texte alors proposé à l'association
Quercy Blanc Environnement.
Accueil aimable de son président.
Mais aucun soutien au projet du CD d'opposition.

Des arbres furent plantés.

Je n'ai déniché aucune déclaration de Jean-Michel Baylet soutenant ce projet de ligne THT sur le Quercy Blanc, même si, le 2 septembre 1990, ès Ministre du tourisme, lors de l'inauguration de la foire-exposition de Cahors, il répliqua : « *Dire aujourd'hui, dès qu'une centrale nucléaire est construite, que les lignes pour exploiter le courant ne doivent pas passer, c'est totalement irresponsable. Par contre, dire que l'on doit faire attention à l'endroit où elles passent et de la manière dont on prépare ces passages, là, ceux qui le prétendent ont raison.* »
D'ailleurs, le 18 octobre 1999, sous la présidence de Jean-Michel Baylet, le Conseil Général du Tam-et-Garonne s'est déclaré en opposition à ce projet de THT.
Mais c'est peut-être plus complexe ! *Le Petit Journal*, un quotidien de Montauban qui réussit à tenir

dans l'ombre de cette *Dépêche* notait ainsi, à l'occasion des résultats des élections cantonales de mars 2004 « *Jean-Michel Baylet, actuel président du Conseil Général et patron du seul quotidien régional, vient d'être réélu sans surprise. Le dernier des « Baylet » perpétue ainsi plus d'un siècle de gouvernance sur le Tarn-et-Garonne après son père et sa mère. Malgré un bilan moribond la force de son journal et l'argent de Golfech le maintiennent au pouvoir pour quelques années.* »

En tout cas, nouveau dans la région, j'avais présenté le roman aux journalistes de Cahors de sa *Dépêche.* L'article n'est jamais sorti.
Mon nom est absent d'une recherche sur ladepeche.fr
En 2009, la section enfant de l'atelier théâtre "*l'Escalier qui monte*" d'Agen a joué l'une de mes pièces.
Ce qui donne sur ladepeche.fr
« *Samedi 20 juin, à 14h30, au centre culturel de Foulayronnes : le groupe 6-8 ans propose «La Fille aux 200 doudous » (anonyme)* »

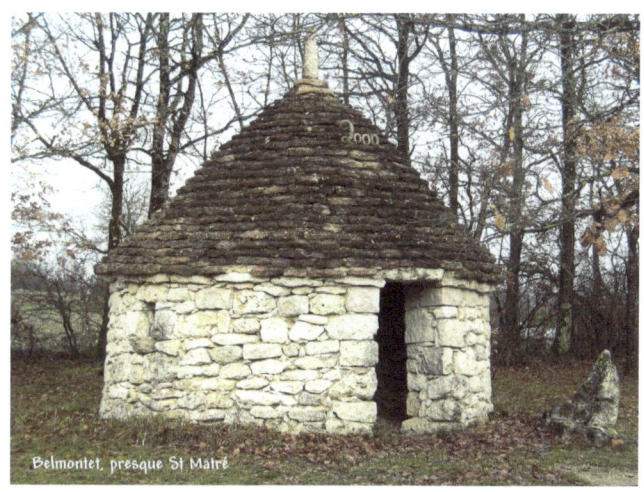

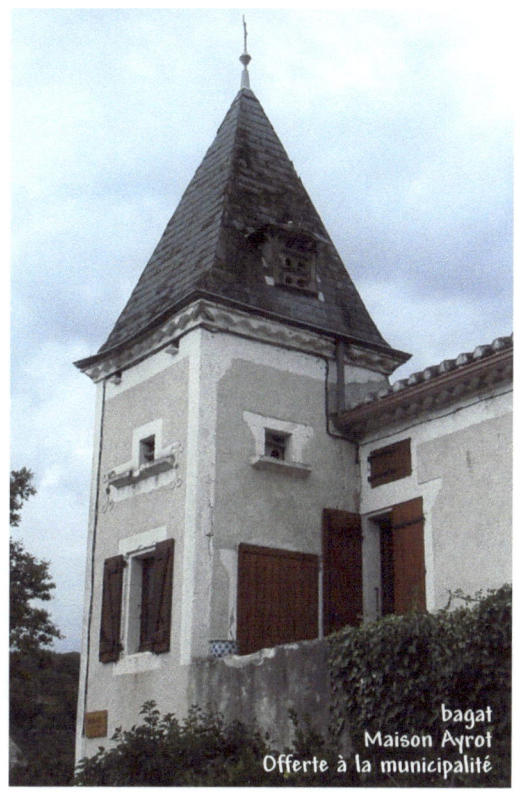

Un peu de refus dans un canton de soumissions.

Certes, il convient de distinguer les refus de façade et la réalité des opinions...

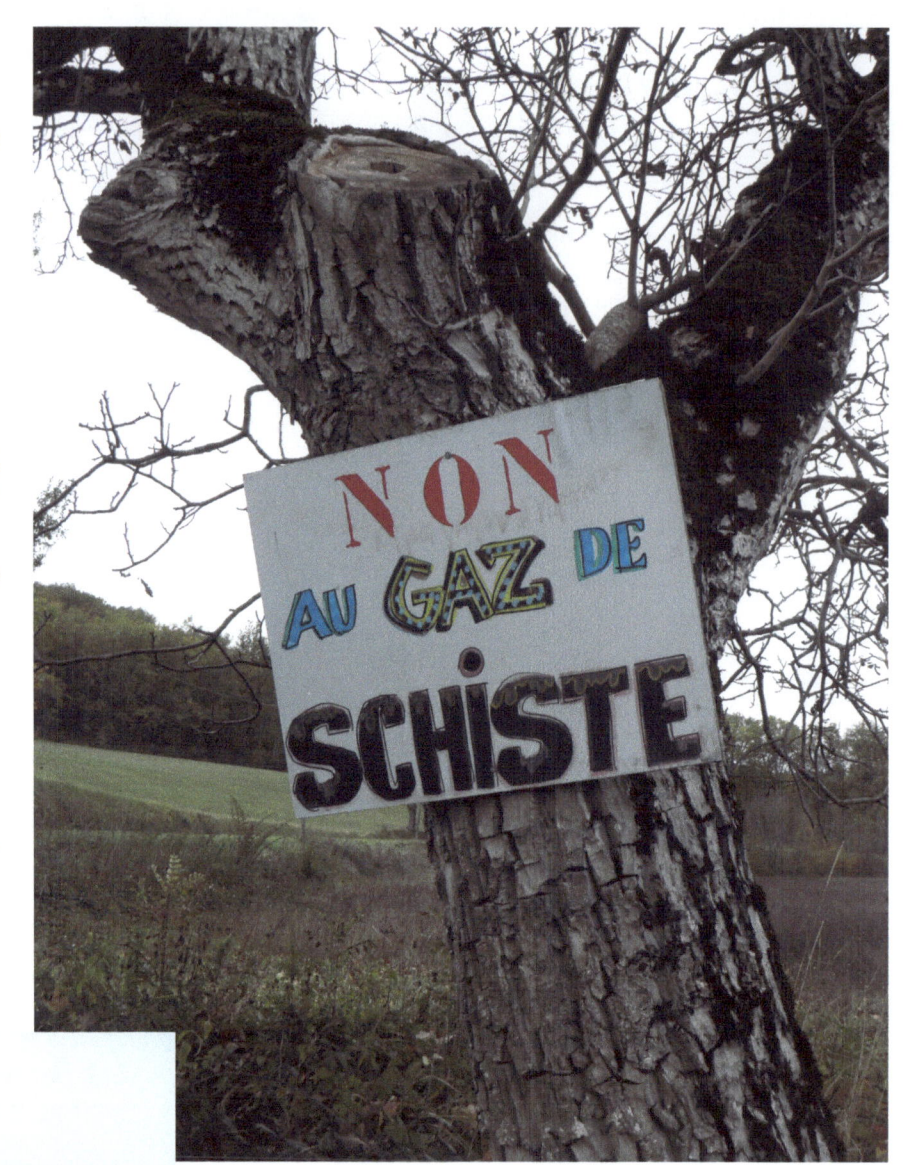

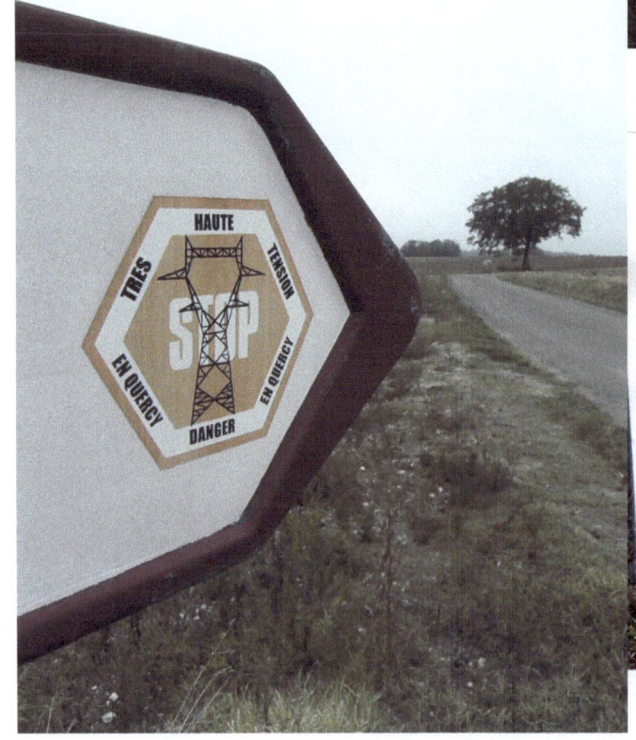

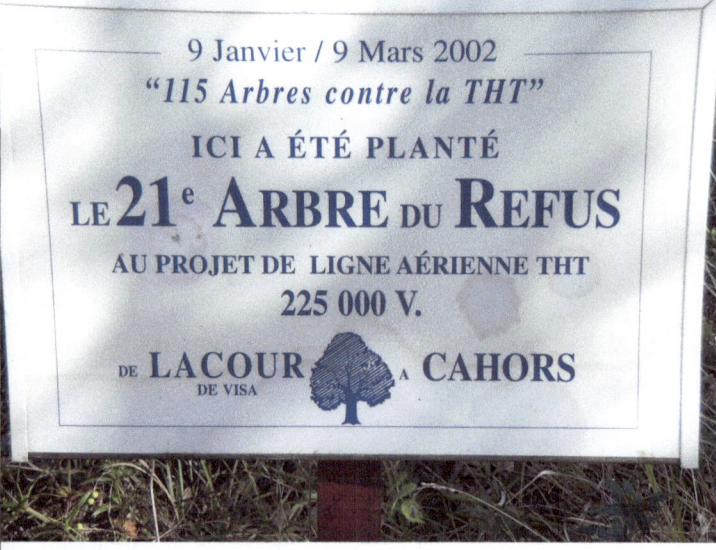

9 Janvier / 9 Mars 2002
"115 Arbres contre la THT"
ICI A ÉTÉ PLANTÉ
LE 21e ARBRE DU REFUS
AU PROJET DE LIGNE AÉRIENNE THT
225 000 V.
DE LACOUR DE VISA A CAHORS

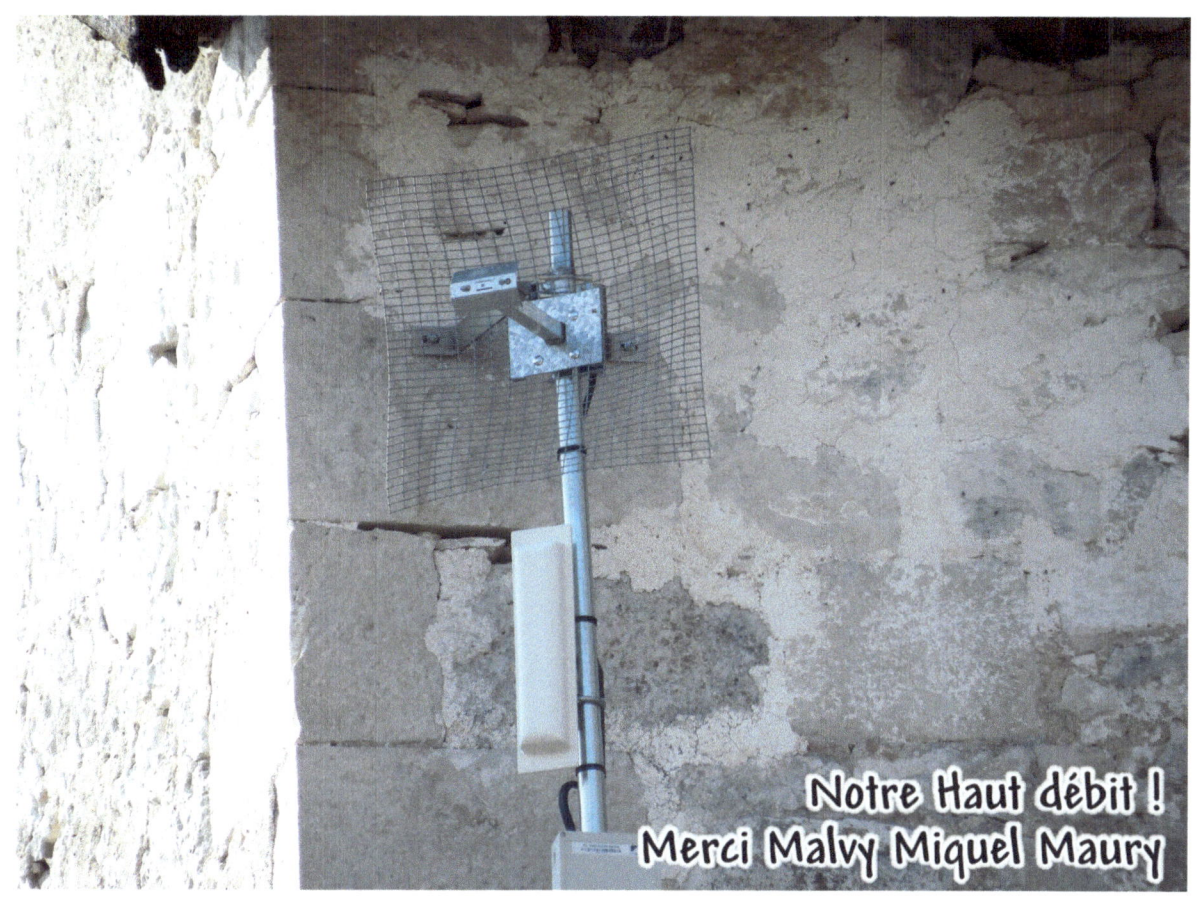

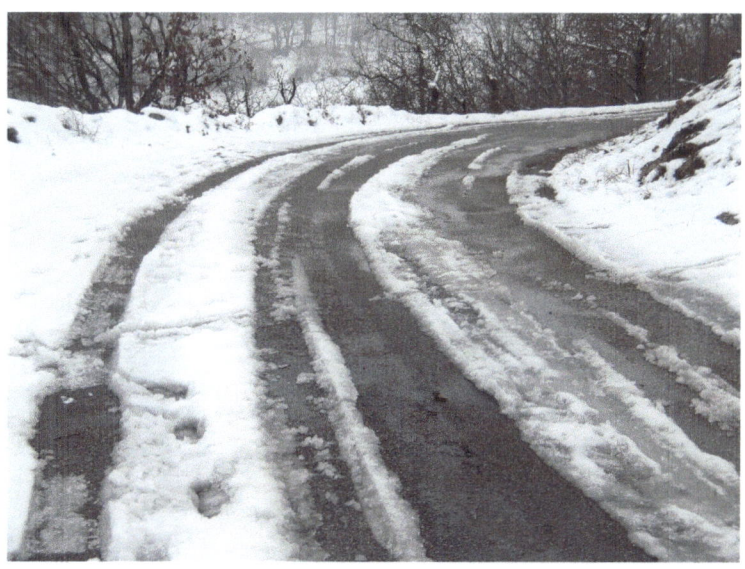

Le plus souvent les services du département passent quand la neige est fondue

La Petite Barguelonne et la Séoune

Rivière de 38 kilomètres, la Petite Barguelonne (ou Barguelonnette) sort de terre à Villesèque, donc juste à côté du canton et se jette dans la Barguelonne à Montesquieu, en Tarn-et-Garonne.
Elle traverse ainsi Saint-Pantaléon, Saint-Daunès, Montcuq avant de passer en Tarn-et-Garonne à Lauzerte.

Une crue dite historique s'est produite juste avant mon installation dans la région : en janvier 1996, avec des inondations à Saint-Daunès et Montcuq.

La Séoune s'étend sur 62 kilomètres.
Elle prend sa source à Sauzet et se jette dans la Garonne en Lot-et-Garonne (Saint-Pierre-de-Gaubert) après être entrée en Tarn-et-Garonne à Belvèze.
Notre canton compte cinq communes de la vallée de la Séoune : Bagat-en-Quercy, Belmontet, Fargues, Sainte Croix et Valprionde

Le temps des écrevisses a existé ! Et naturellement les agriculteurs ne sont pas responsables des pesticides et nitrates qui rendent dangereuse la consommation d'eau. Il doit s'agir d'un phénomène naturel ! La chambre d'agriculture du Lot pourrait sûrement nous l'expliquer... Protéger les rivières et ruisseaux ? Mais vous souhaitez la disparition des derniers agriculteurs !
On pourrait peut-être penser à une agriculture respectueuse de la nature, donc des humains ? Non ? C'est trop compliqué et de toute manière il faut bien que mourir... Bon, d'accord... D'accord ?

La Séoune un jour sans eau et la Petite Barguelonne

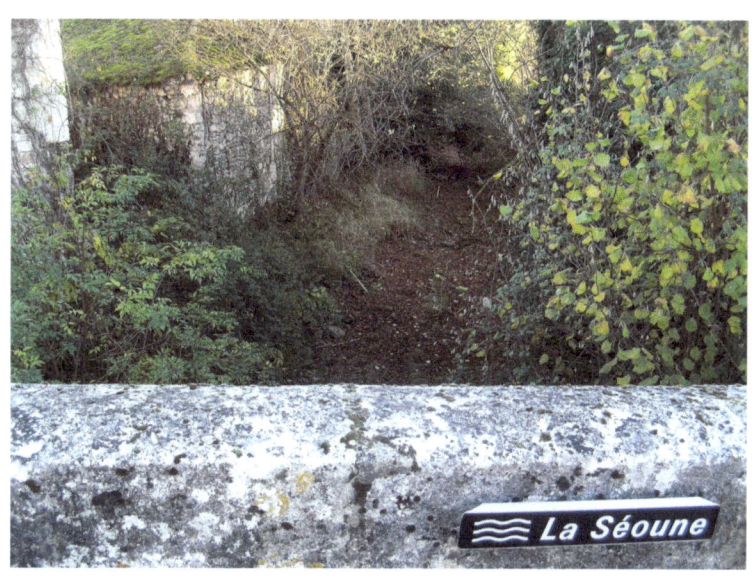

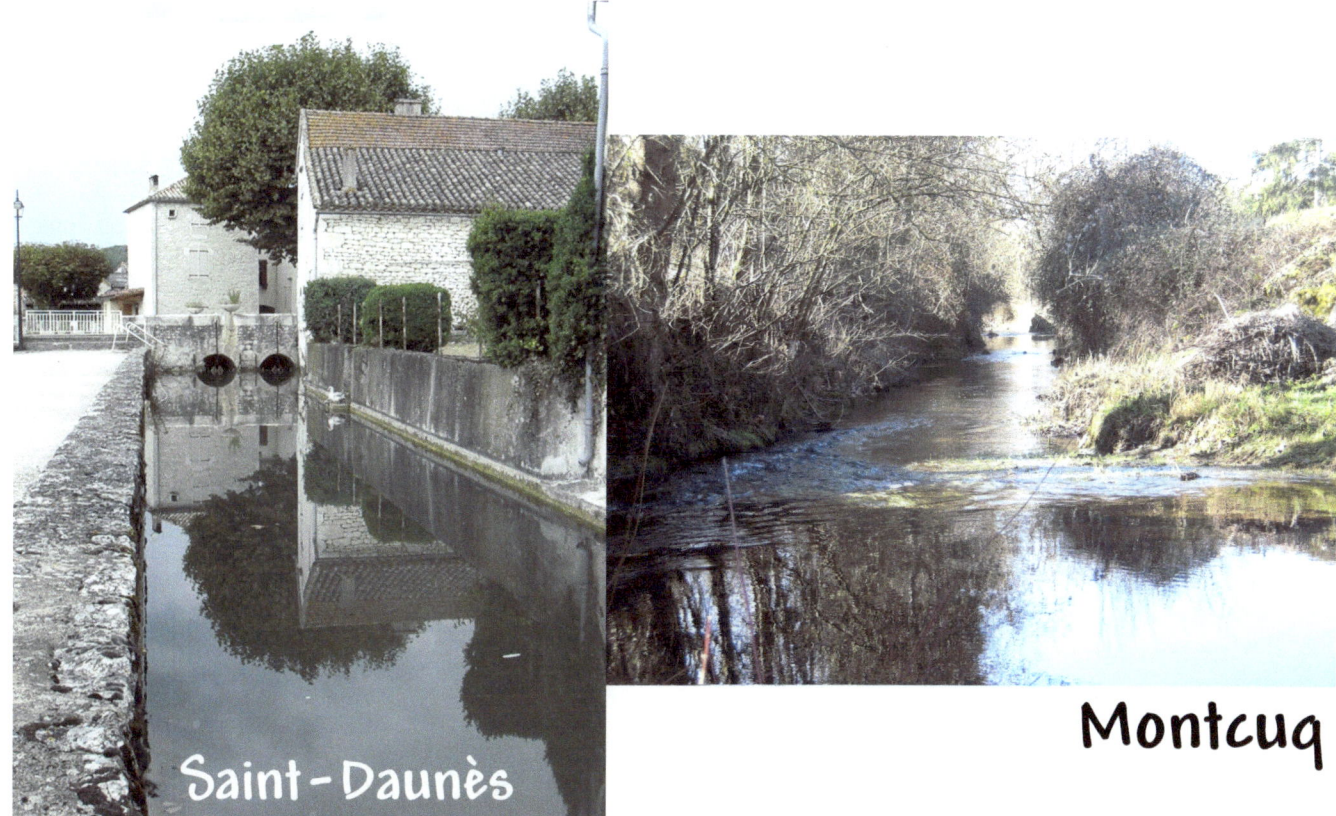

Traces de religion

La religion. Les traces de la religion chrétienne. De nombreuses églises. Quatre même à Fargues. Et Jésus sur sa croix. Les statues de Marie se rencontrent également. Celle de Jeanne d'Art trône à St Cyprien...

Et Jean-Gabriel Perboyre, sur sa croix de Chine...

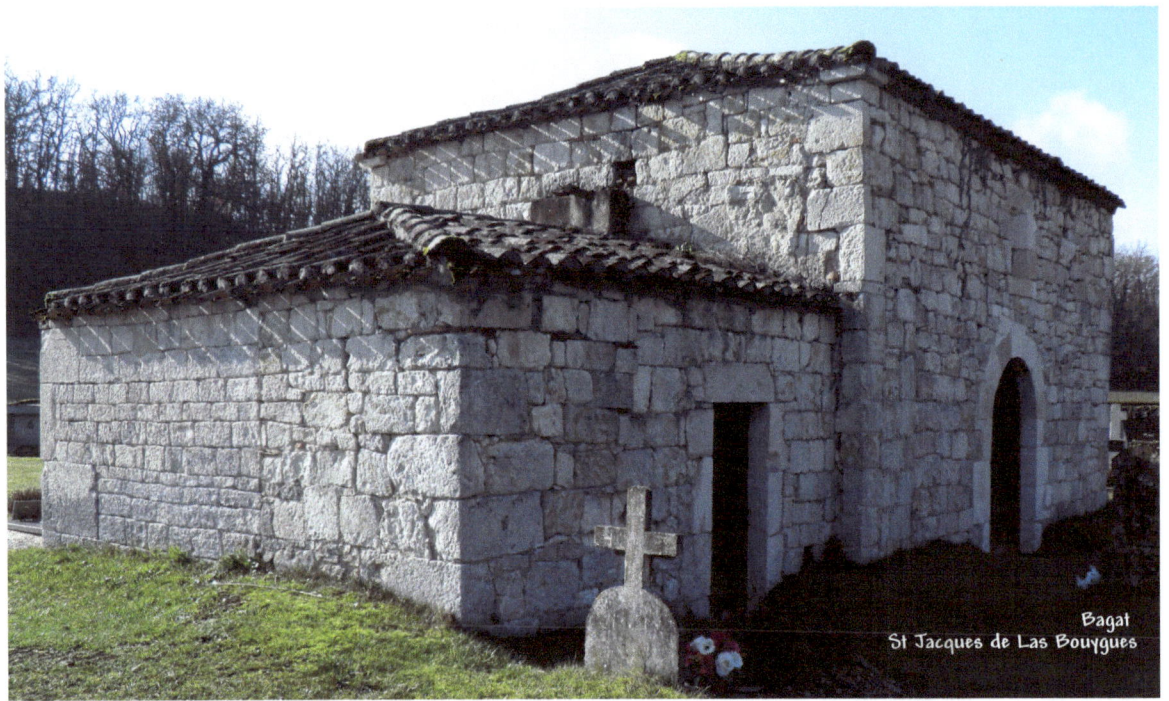

Le clocher-mur est plus répandu que ne le pensent ceux le voyant uniquement à Saint-Daunès.

Traces de religion

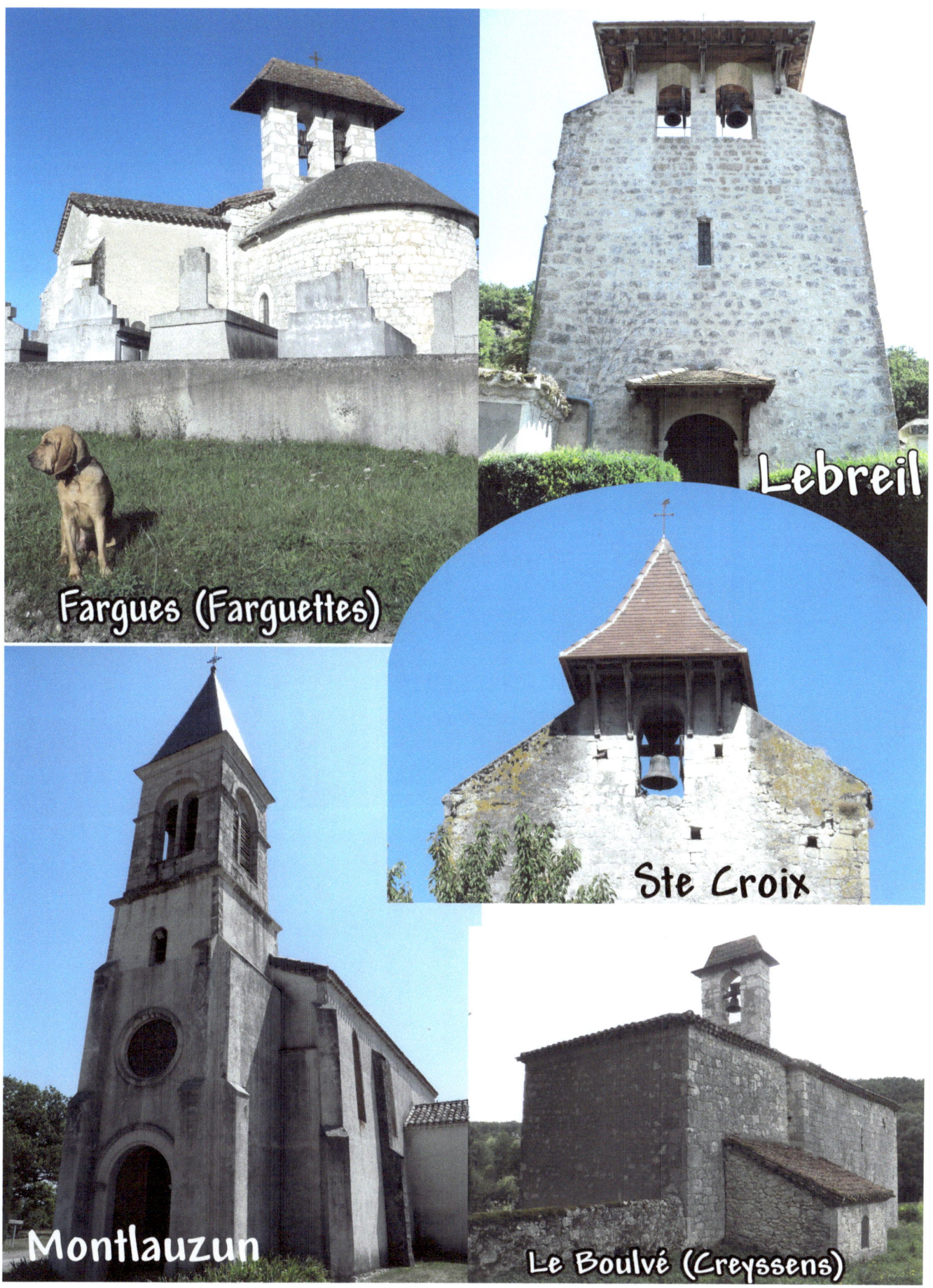

Fargues (Farguettes)

Lebreil

Ste Croix

Montlauzun

Le Boulvé (Creyssens)

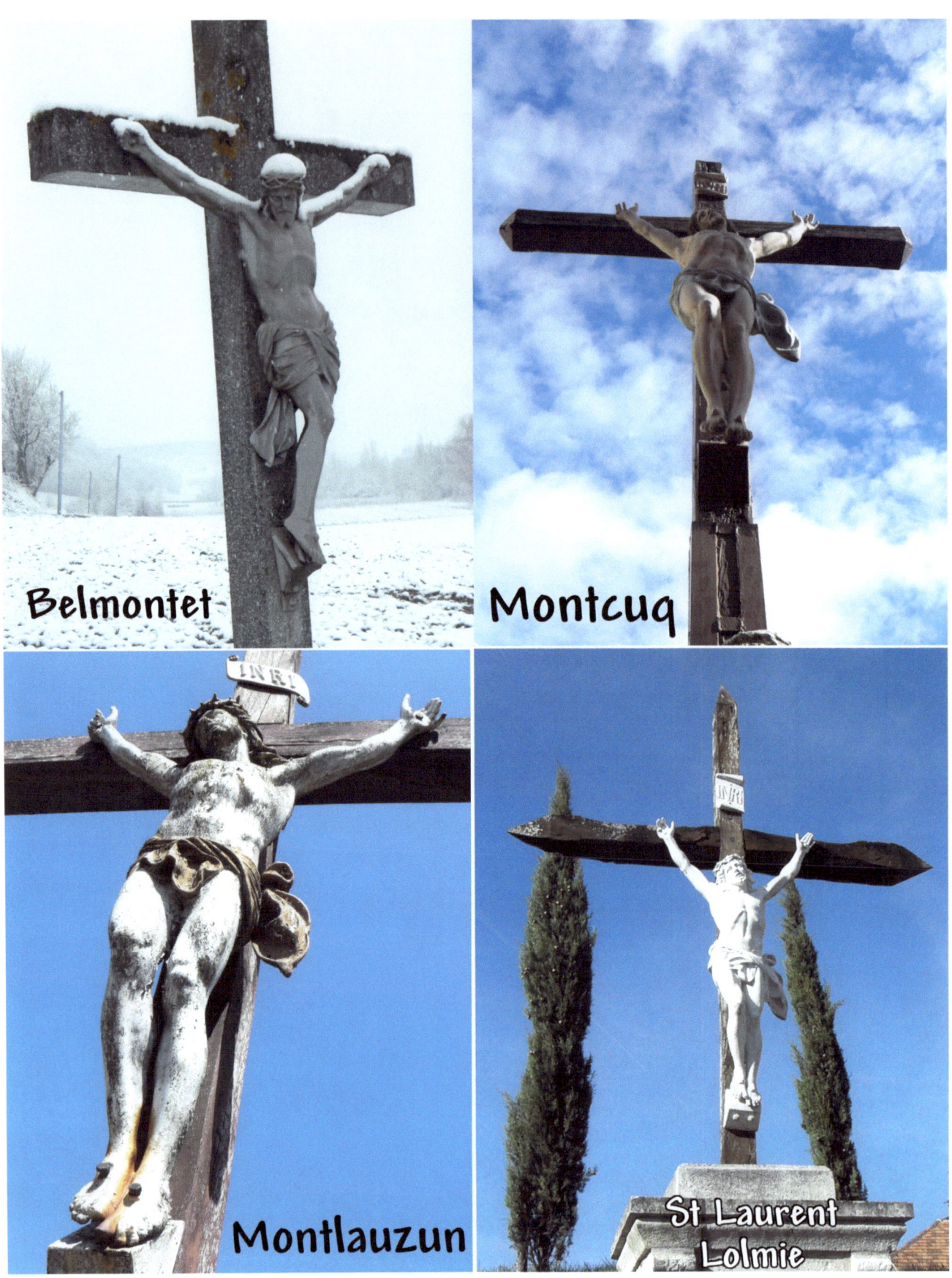

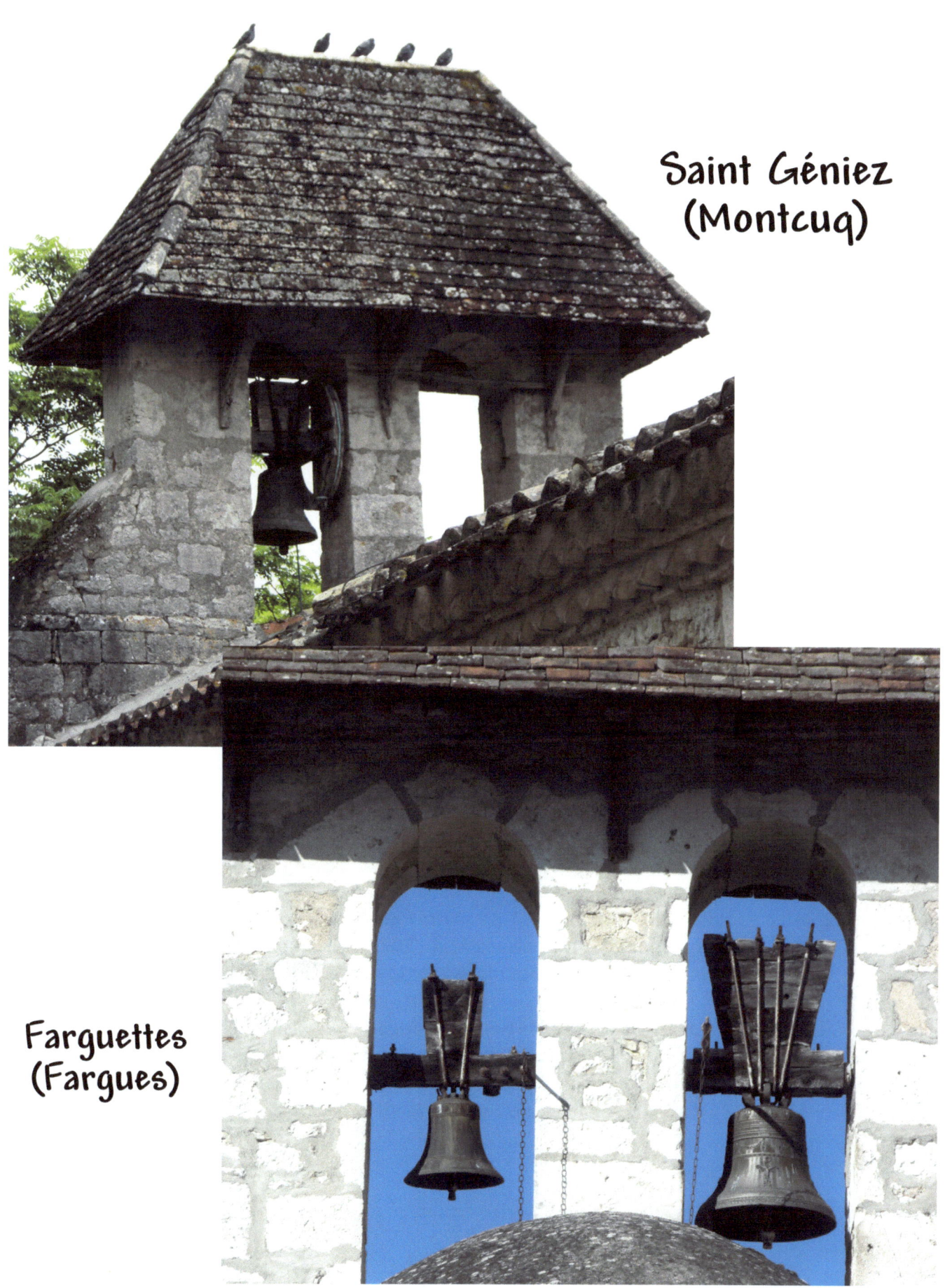

Saint Géniez
(Montcuq)

Farguettes
(Fargues)

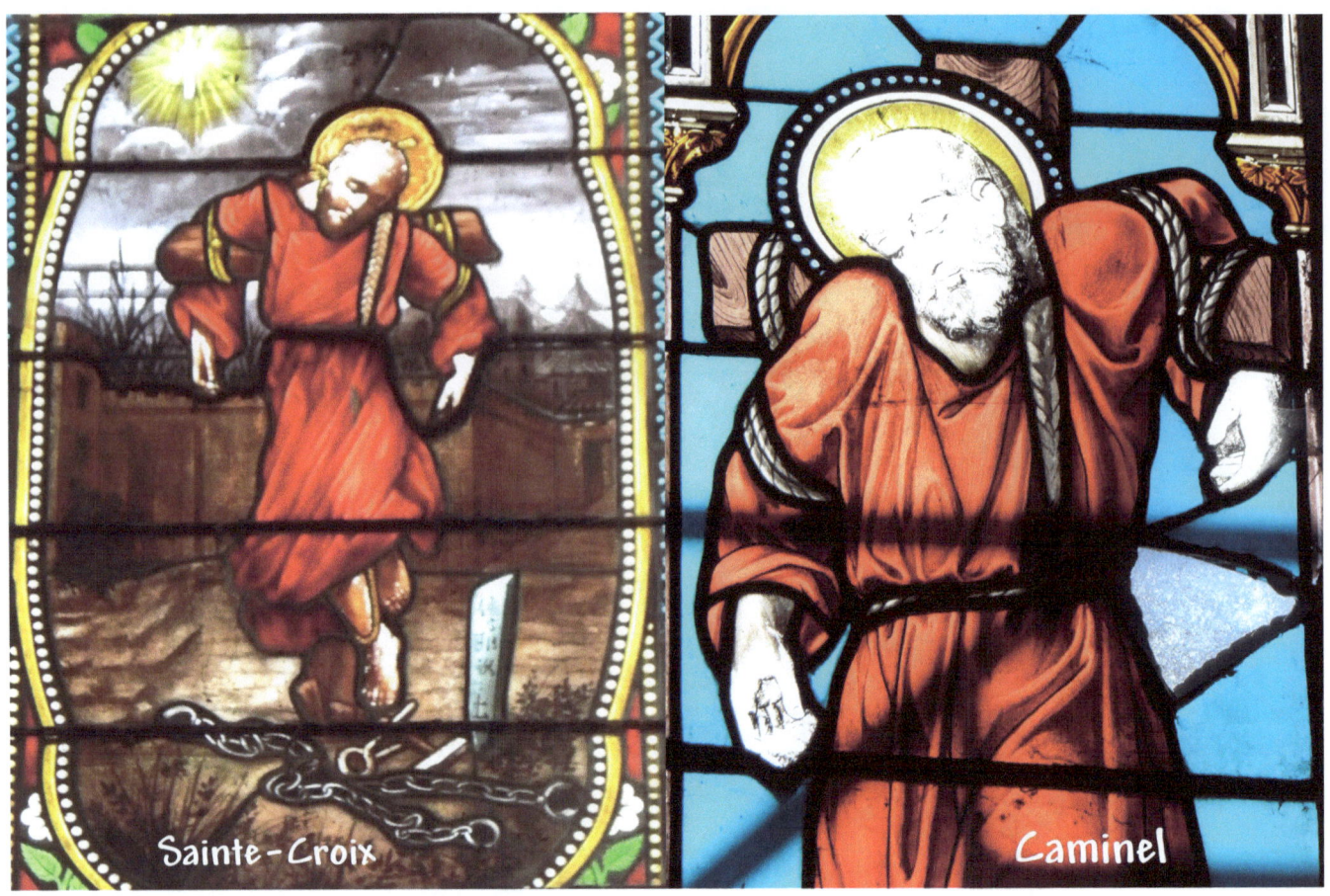

Jean-Gabriel Perboyre, sur sa croix de Chine. Un homme né le 6 janvier 1802 au hameau du Puech, dans le village de Montgesty près de Cahors, à 40 kilomètres de Montcuq. Mais seulement 17 de Luzech d'où l'avenir nous sera imposé.
Parti en Chine pour y convertir les masses, pays dont l'entrée était interdite, il sera lié sur un gibet en forme de croix, exécuté par strangulation, le 11 septembre 1840.

Dès 1843, le Pape Grégoire XVI le déclarait vénérable.
Il fut béatifié le 10 novembre 1889 par le Pape Léon XIII.
Ainsi de nombreuses statues (le plus souvent de plâtre) portent encore l'inscription "Bienheureux" alors qu'il est passé au rang supérieur : canonisé le 2 juin 1996 par le Pape Jean-Paul II.
Sa fête a été fixée au 11 septembre. Le Saint et martyr du 11 septembre est donc lotois.

En 1890, Gustave Pierre Dagrant, peintre-verrier de Bordeaux, installait un vitrail le représentant à Sainte-Croix. Le même figure dans une église du probable futur canton élargi de Luzech.
Juste à côté, à Lebreil, versant Caminel, également après le 10 novembre 1889, un autre peintre-verrier le représentait également, non daté, non signé, "*Bienheureux Perboyre*."

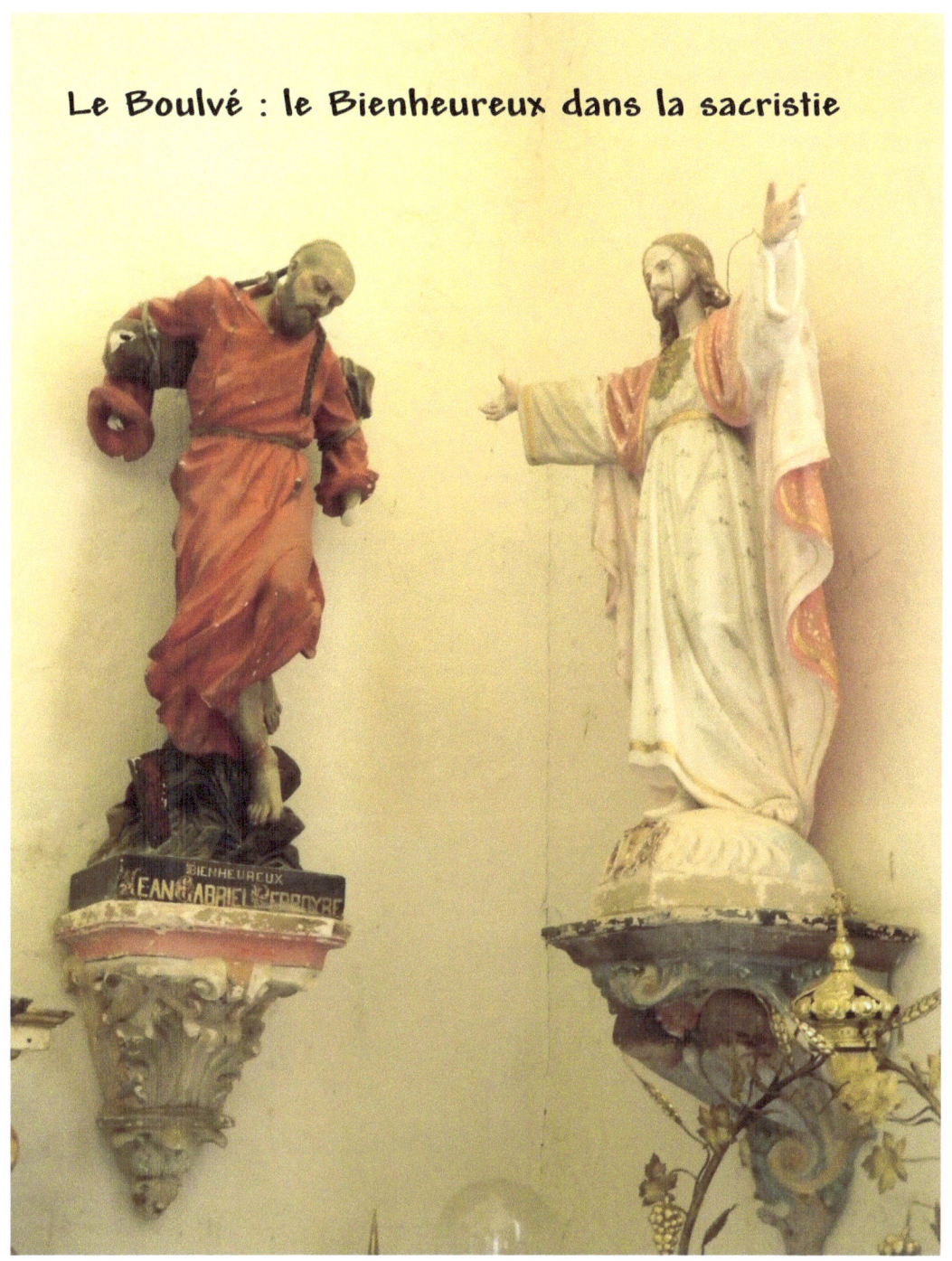

Le Boulvé : le Bienheureux dans la sacristie

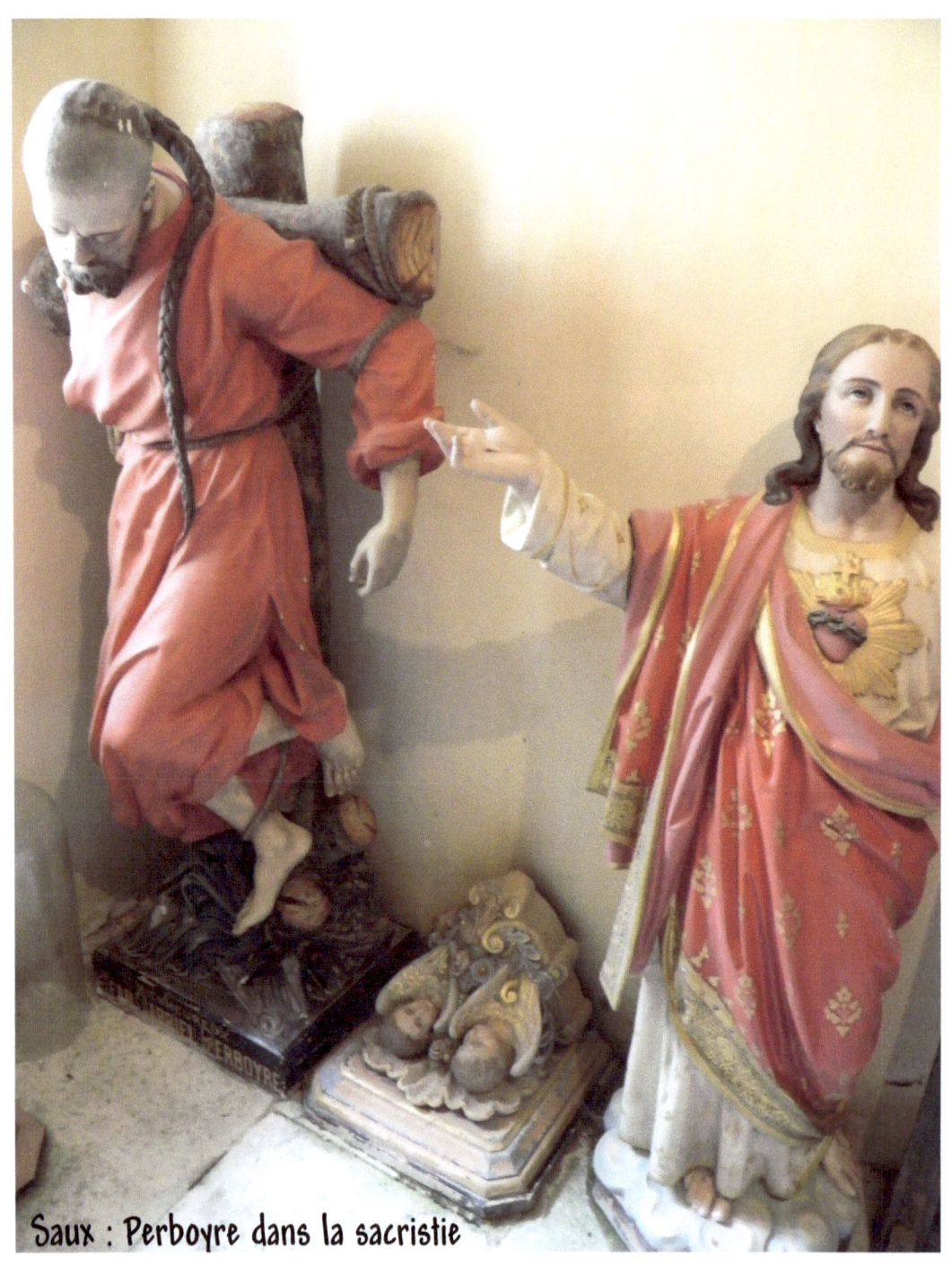

Saux : Perboyre dans la sacristie

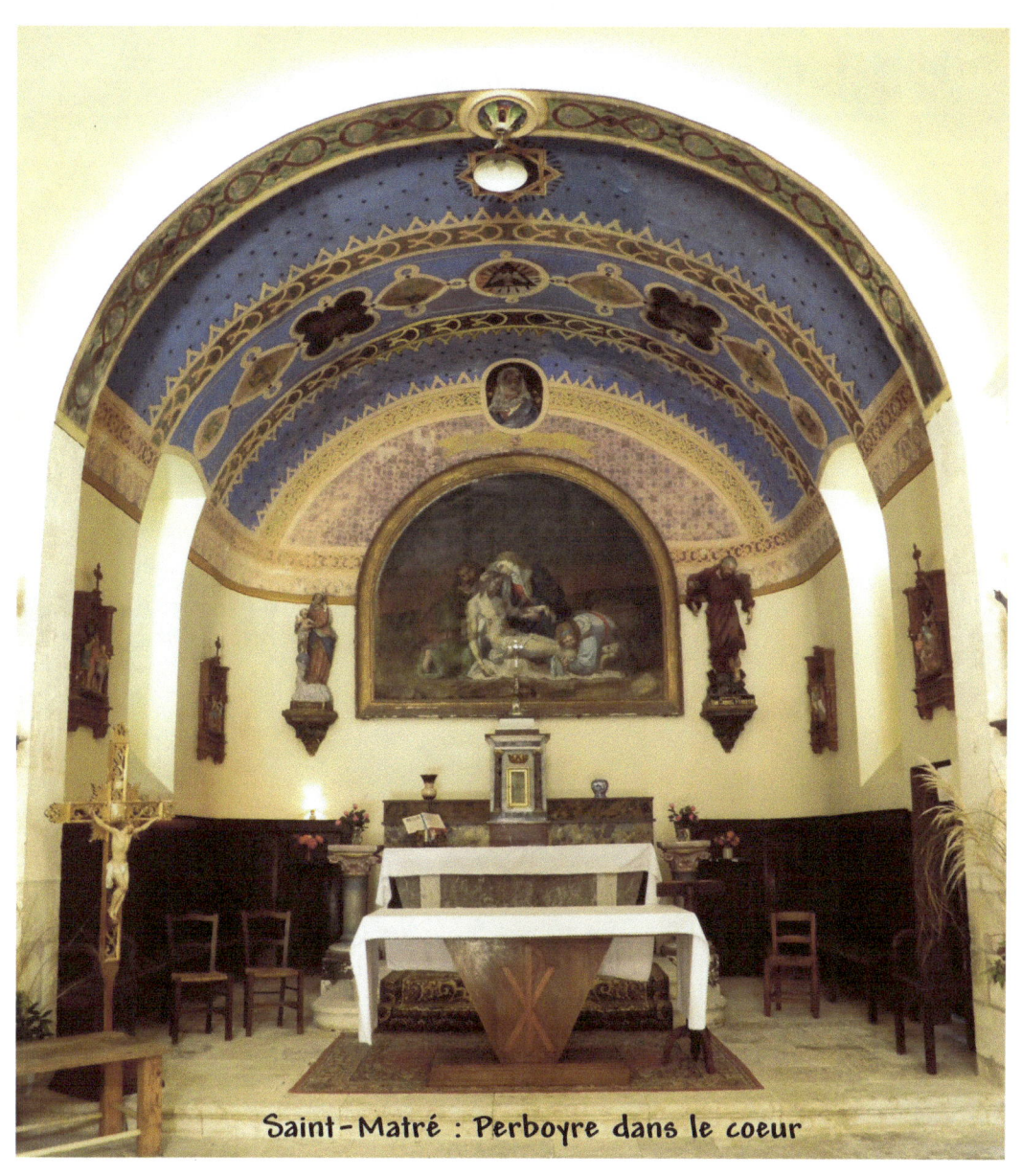

Saint-Matré : Perboyre dans le coeur

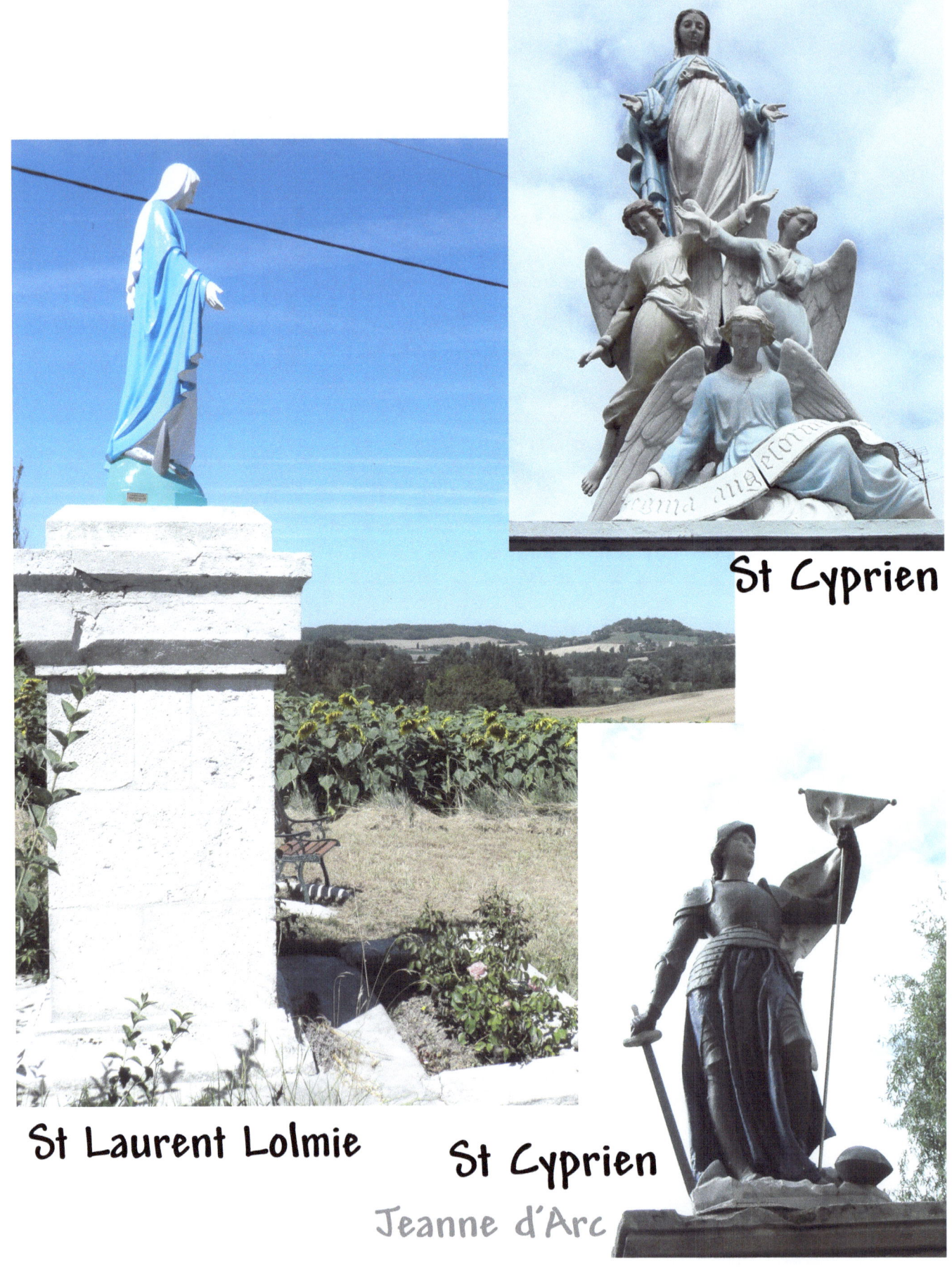

St Cyprien

St Laurent Lolmie

St Cyprien
Jeanne d'Arc

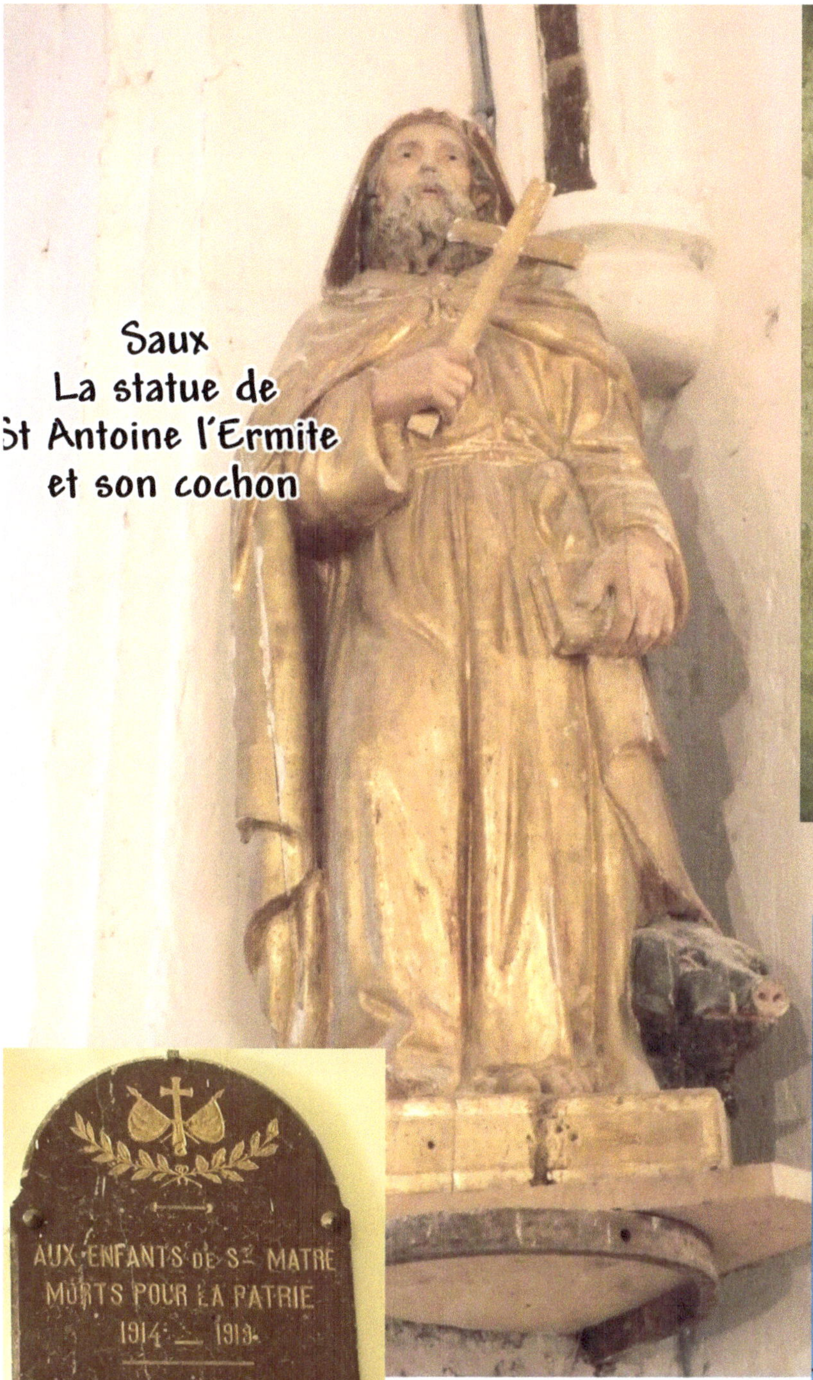

Saux
La statue de
St Antoine l'Ermite
et son cochon

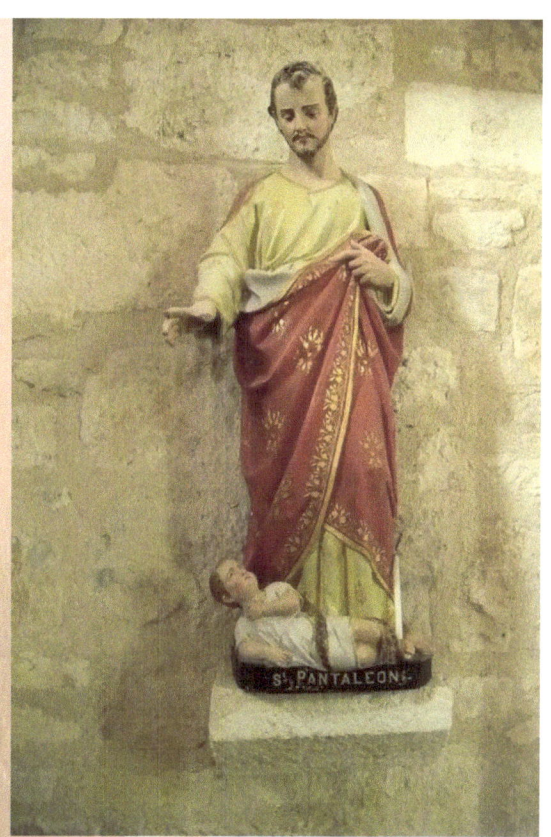
St Pantaléon

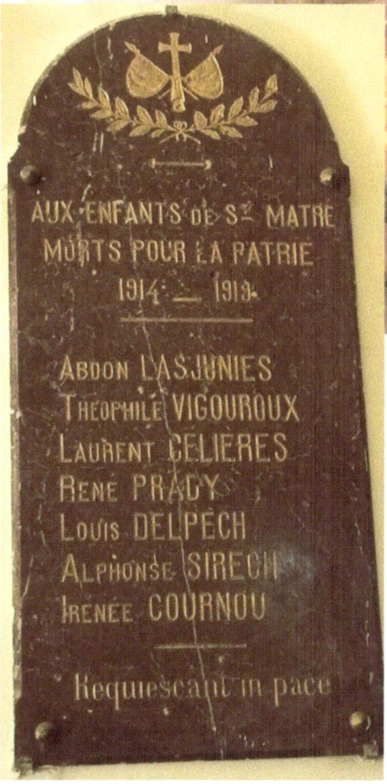

St Matré

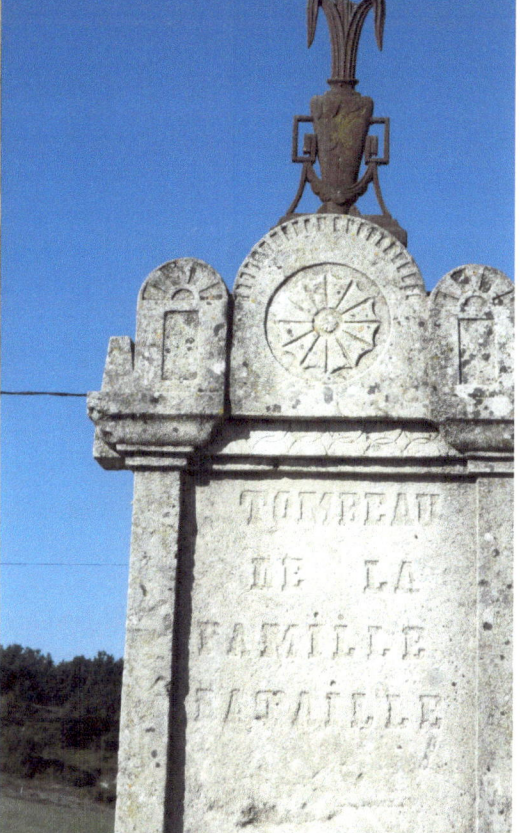
Fargues

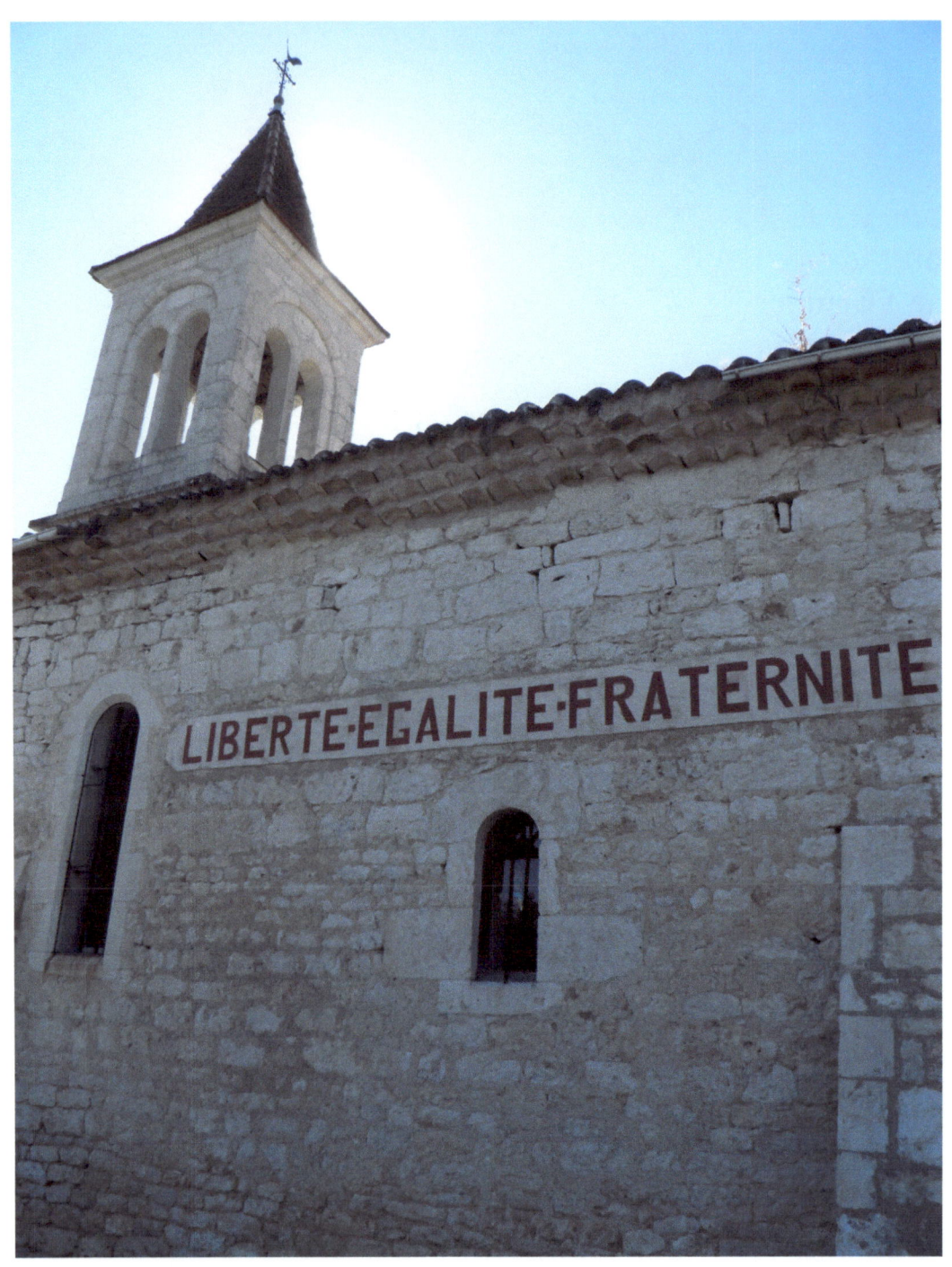

Je les crois rares, en France, les églises sur lesquelles fut inscrite la devise républicaine certes violée chaque jour par l'oligarchie. Cette église de Montcuq appartient désormais à un particulier, qui en a donc conservé l'aspect général, dont les vitraux signés Dagrant...

Les vrais et le faux G. P. Dagrant de Montcuq, et autres vitraux

En l'église Privat, signés *G. P. Dagrant*, des vitraux de 1889 et un pareillement signé, une exceptionnelle scène de tranchées réalisée en 1919... Soit quatre ans après la mort de Gustave Pierre Dagrand né le 15 septembre 1839 à Bordeaux où il s'installa après avoir débuté à Bayonne.

Après sa mort, en 1915, le cachet *G. P. Dagrant* fut utilisé par ses successeurs. Dagrand ou Dagrant... explications dans le livre à publier sur le sujet...

Gustave Pierre fit d'ailleurs entrer dans le métier de peintre verrier ses trois fils, qui continuèrent son entreprise : Maurice (1870-1959), Charles (1876-1939) et Victor (1876-1939) ainsi que son beau-frère, Jean Georges Chauliac, et son gendre Albert Borel (époux de sa fille Marthe Marie).

Dans l'église Saint-Hilaire, Dagrant a presque réalisé l'ensemble de l'imposante verrière, en 1892 et 1893, exceptée une œuvre de Louis Victor Gesta.

Dagrant a travaillé dans d'autres églises du canton : Saux (un seul, de 1902, peut lui être attribué avec certitude, les autres présentent un état déplorable), Saint-Daunès (1889) et Saint-Félix (Valprionde) en 1890.

De Gesta, aucune autre œuvre signée. Pourtant, et c'est le bonus de ce livre, j'offre à deux communes l'information du créateur de leur vitraux. Aucune fête attendue !

Mais il y eut d'autres créateurs appelés sur nos terres, fin dix-neuvième début vingtième. Ce qui mériterait un livre !

Quant au travail contemporain, à Bagat, une œuvre de facture rare : un Creunier, de 1985, avec des personnages, Ste Angela et Ste Germina (il préfère représenter la nature, des feuillages). Dans le département, le couple de maître-verrier d'Albas a surtout réalisé de la restauration, peu de créations (néanmoins, un à la cathédrale St-Etienne de Cahors, l'église de L'Hospitalet...), comme si la réticence avec les "locaux" était inévitable dans l'art... Sauf naturellement si vous prenez la carte du « bon parti » et offrez des gages de dévouement. Devrais-je écrire l'ode à Jean-Michel Baylet et Sylvia Pinel ?

Montcuq église Privat

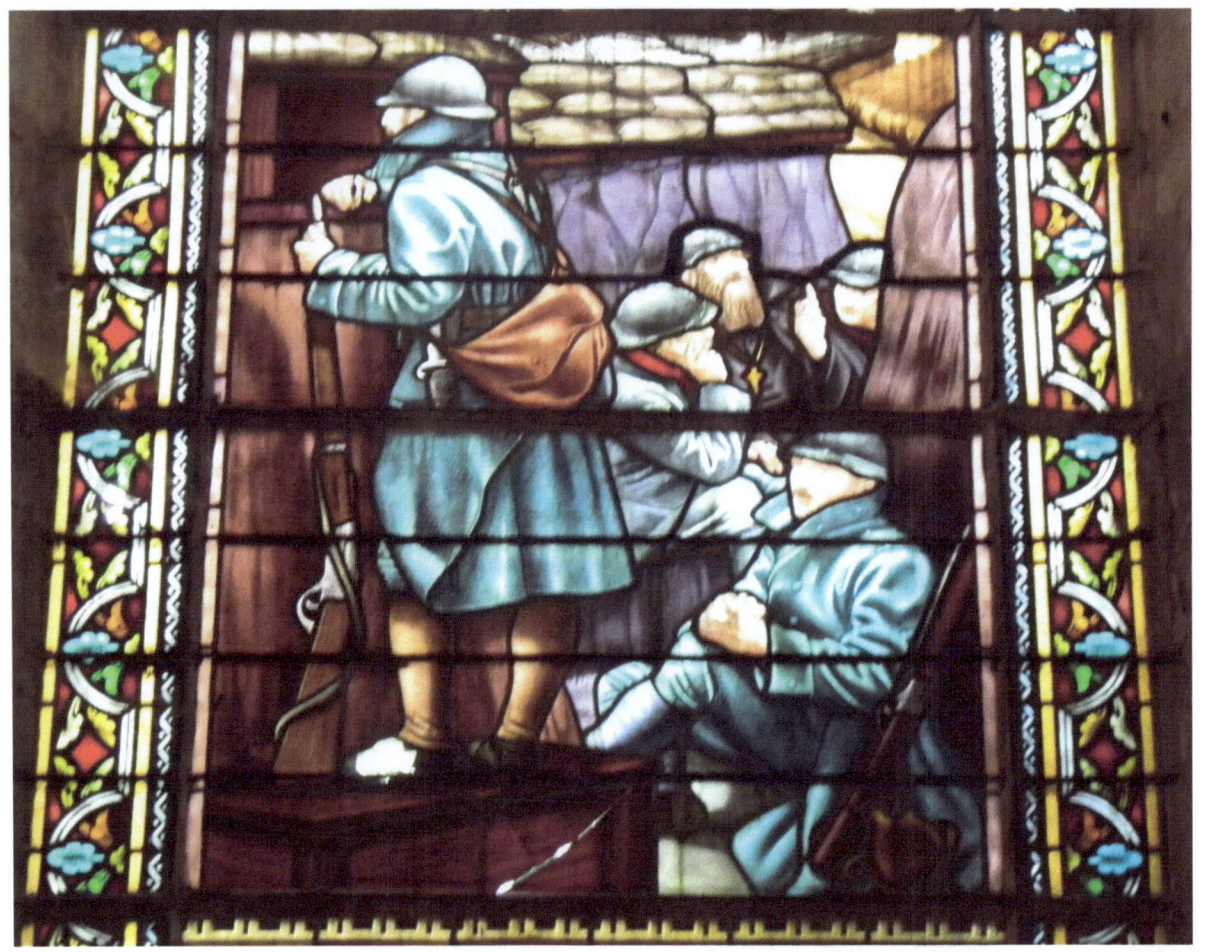

Une oeuvre à protéger, restaurer, brisée en plusieurs endroits...

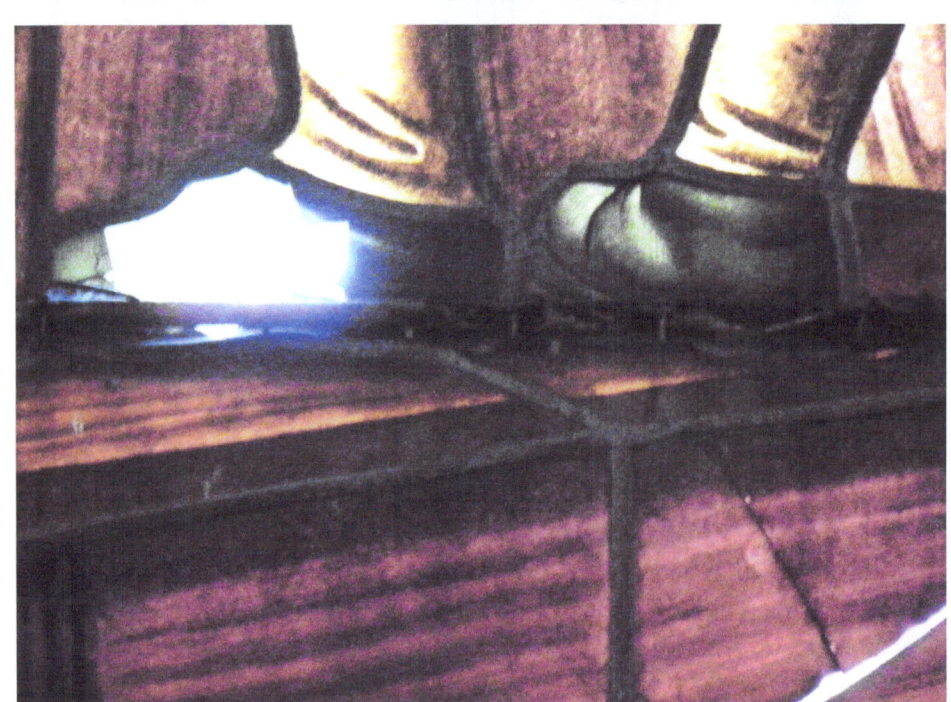

Montcuq église Privat

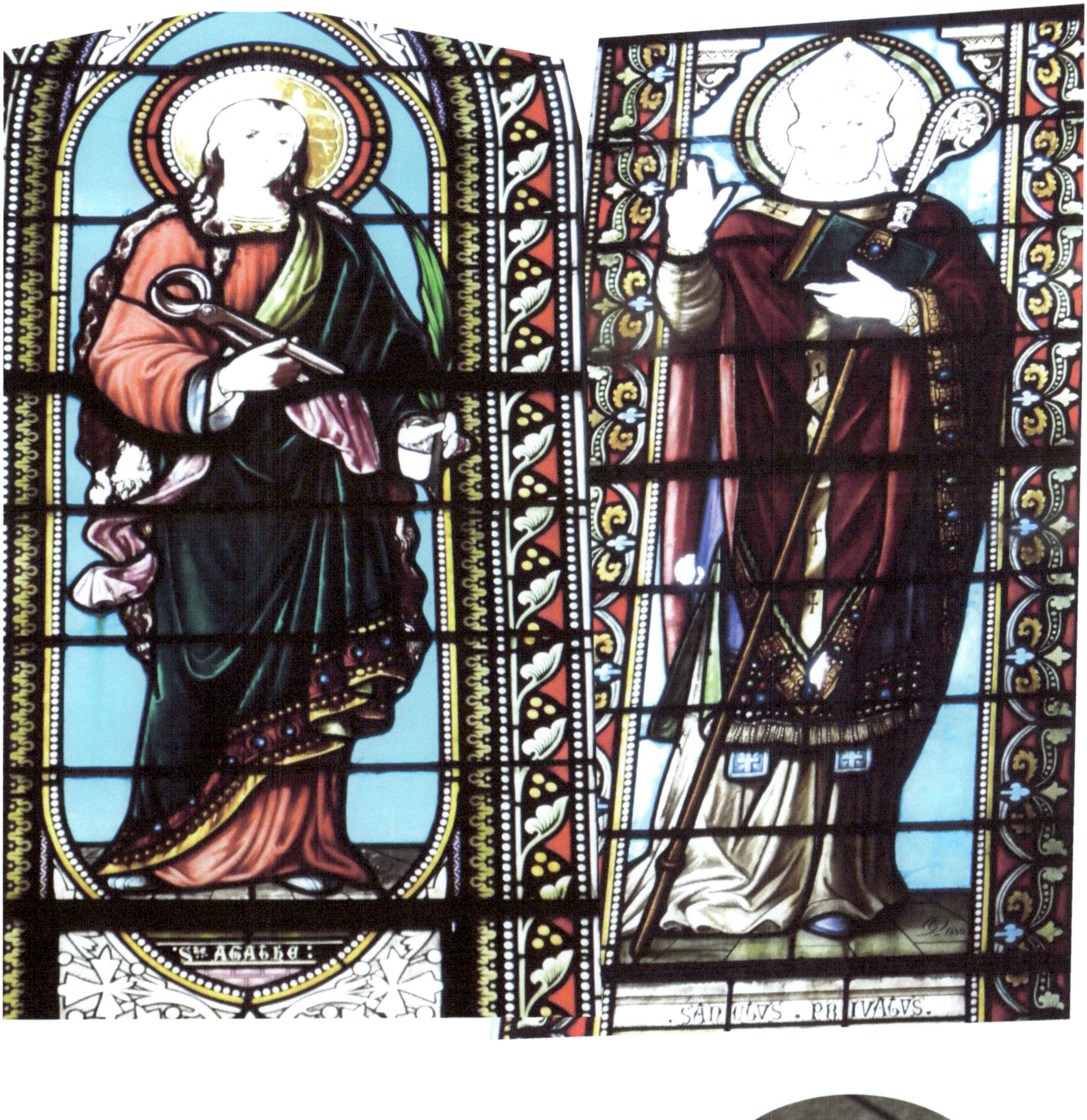

Sainte Agathe et
Saint Privat
de G. P. Dagrand (1889)

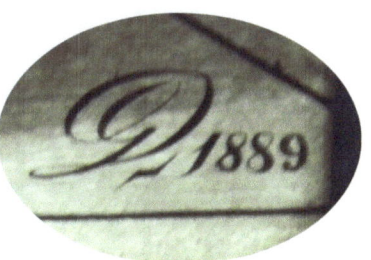

Montcuq église Saint-Hilaire

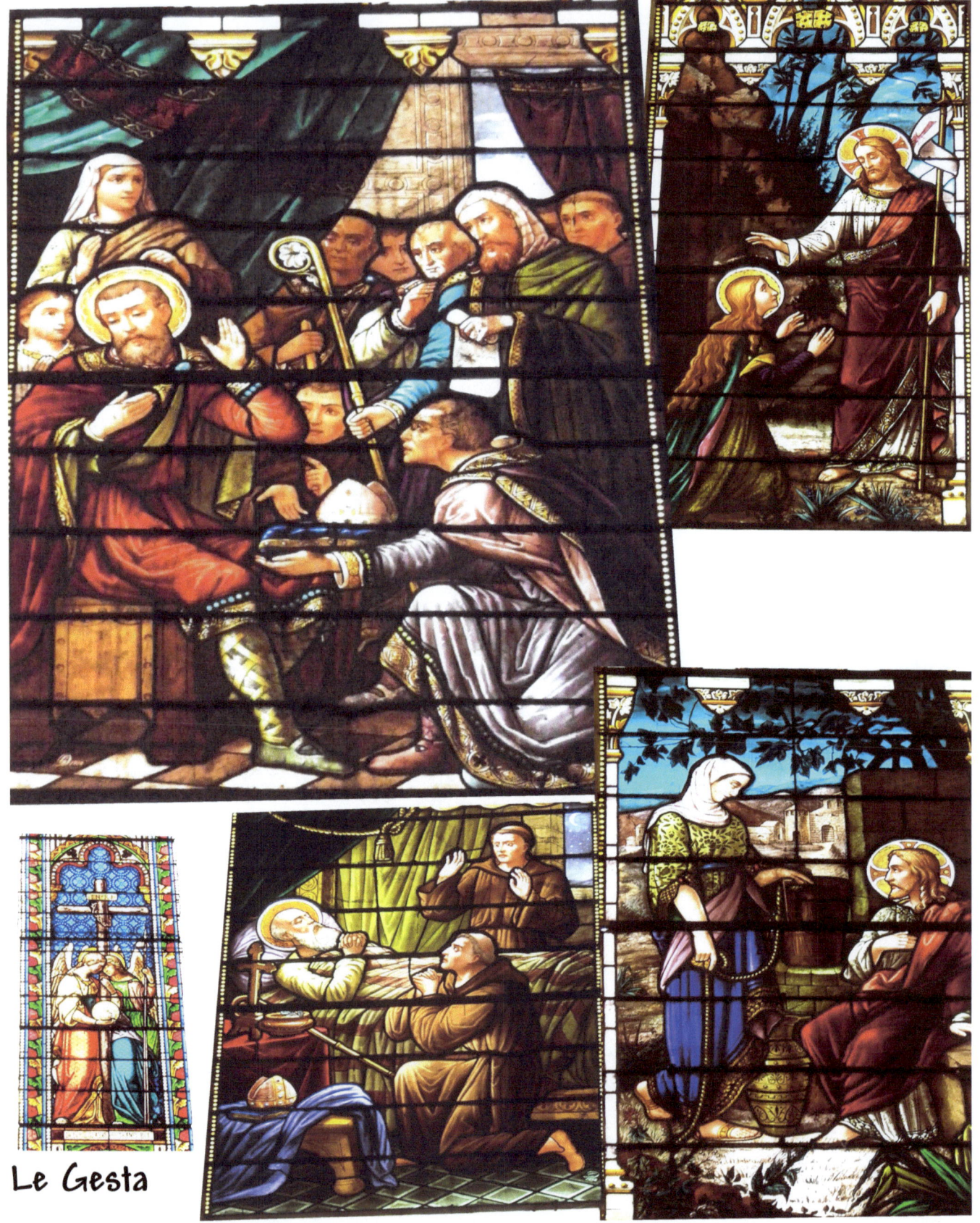

Le Gesta

Dagrant

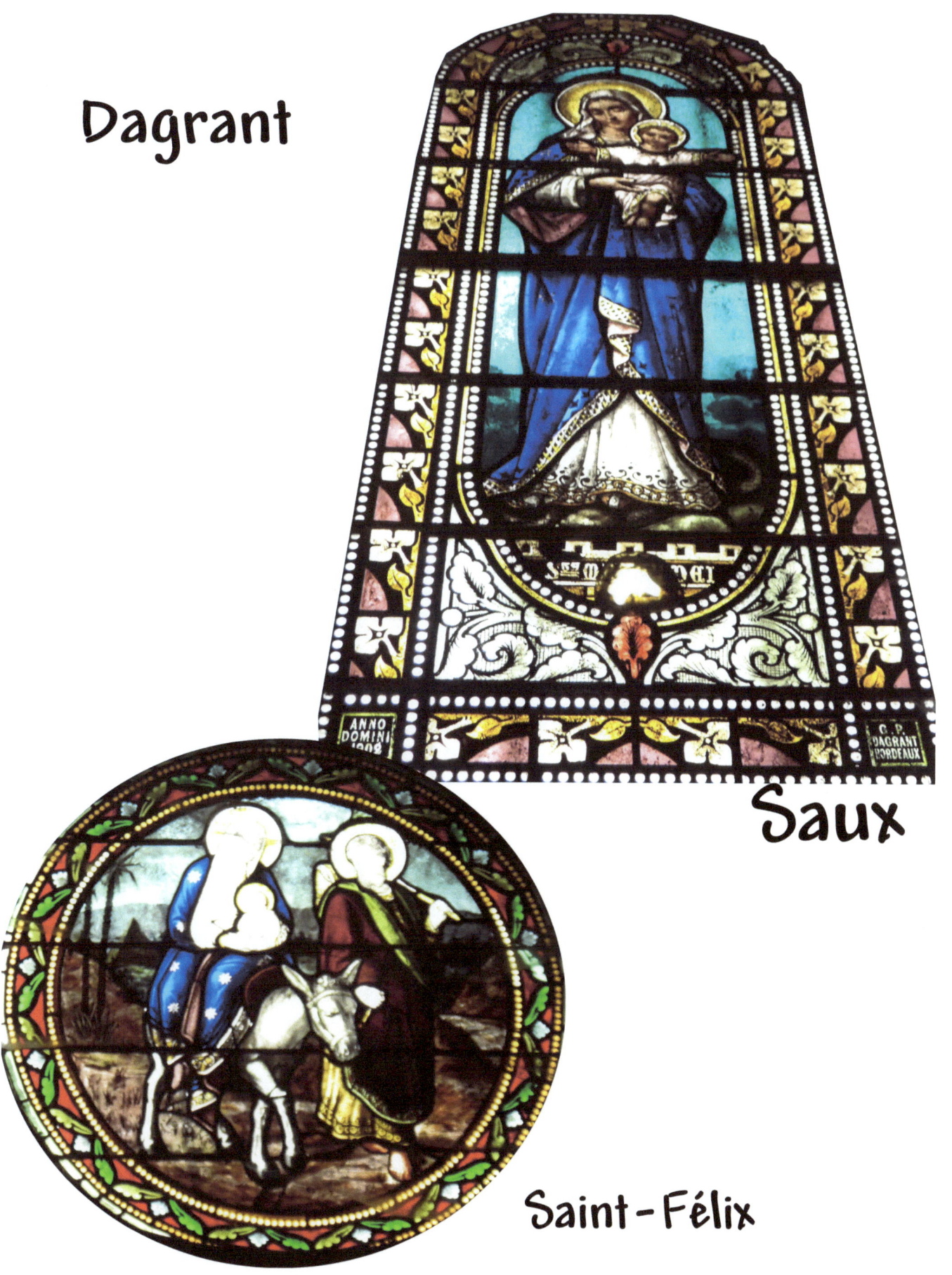

Saux

Saint-Félix

Dagrant

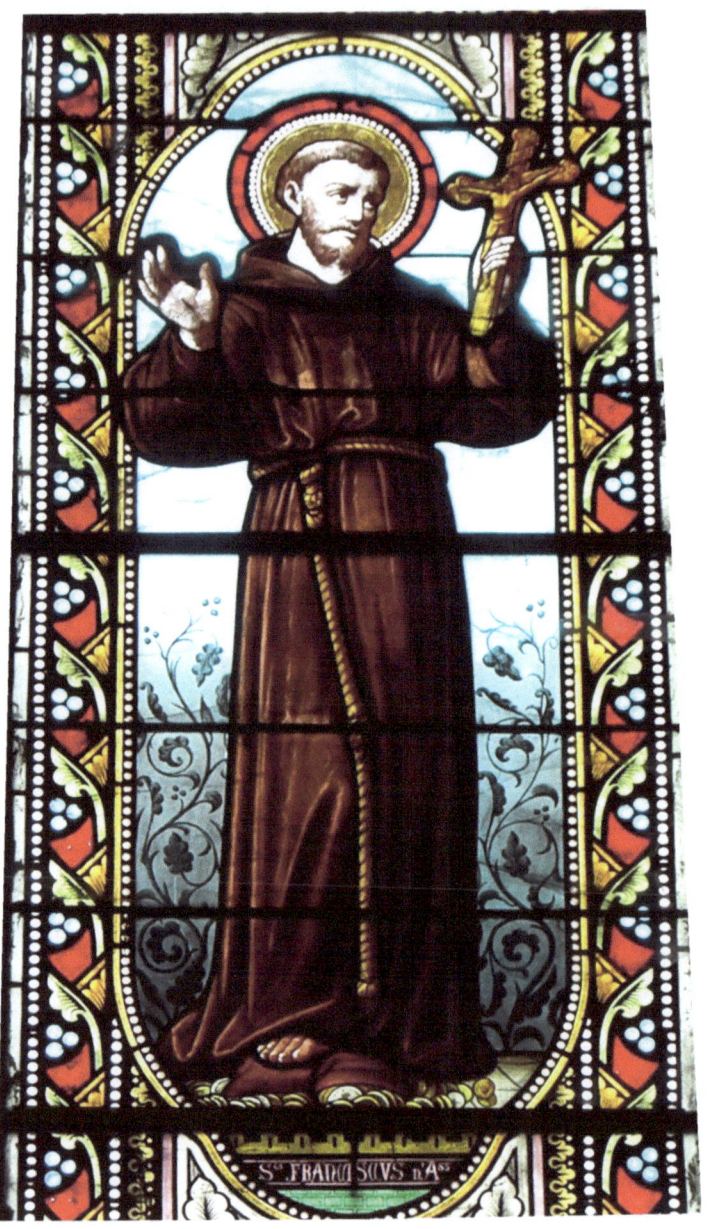

Saint-Daunès
Saint François d'Assise

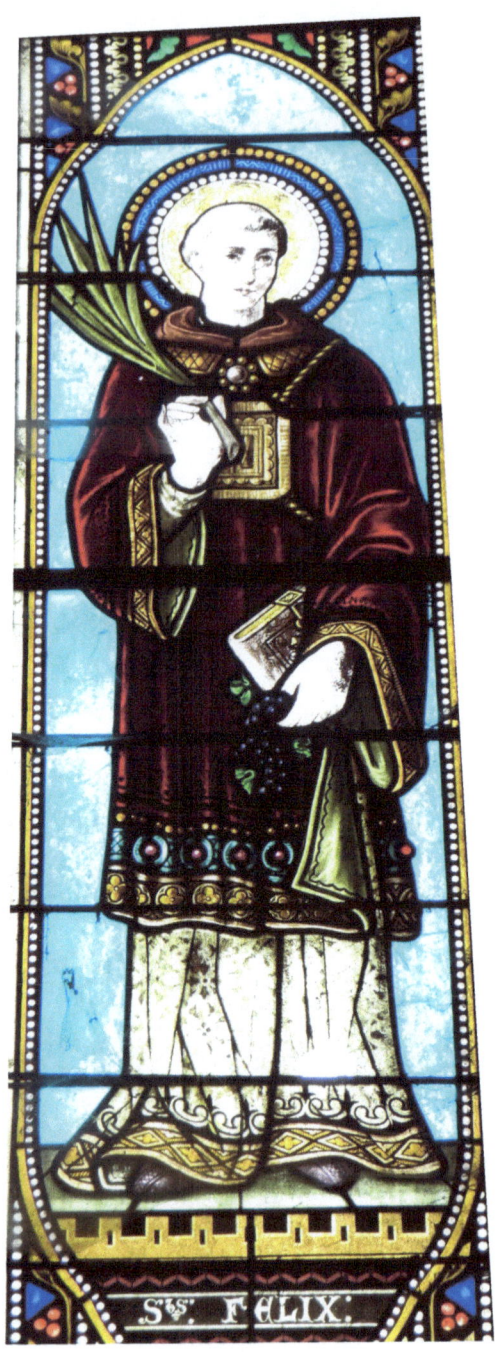

Saint-Félix
Saint-Félix

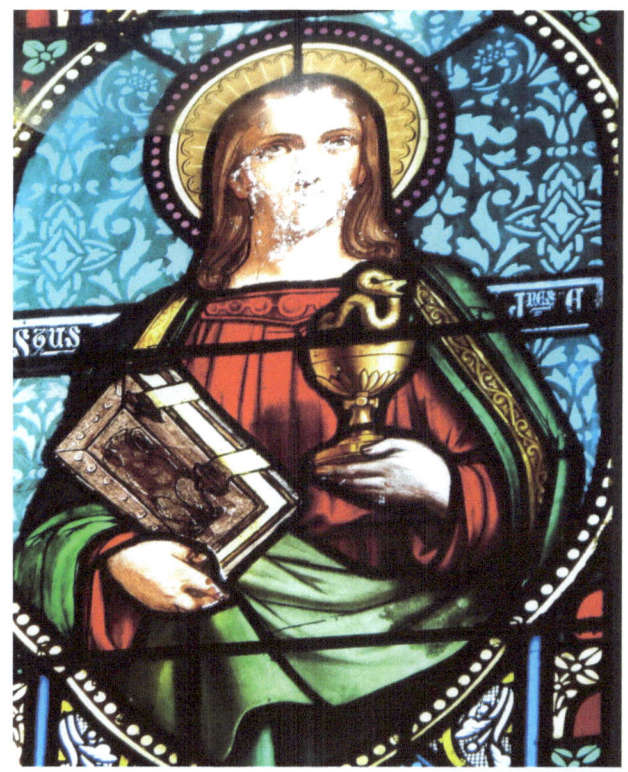
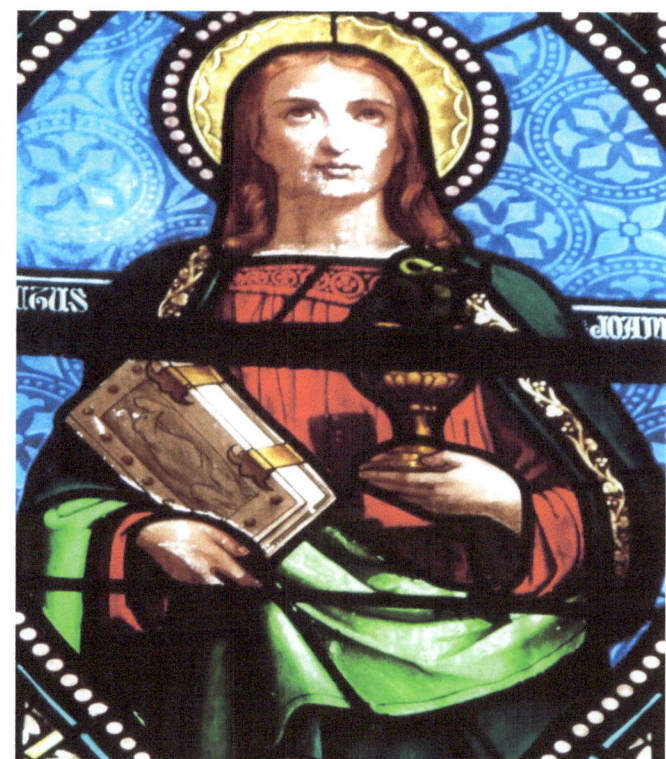

Sanctus Joannas non signé à Lebreil. Le même vitrail signé Gesta à Puy-l'Évêque.

Sanctus Patrus non signé et en mauvais état en l'église de Valprionde. Puis le même signé Gesta à Vidaillac.

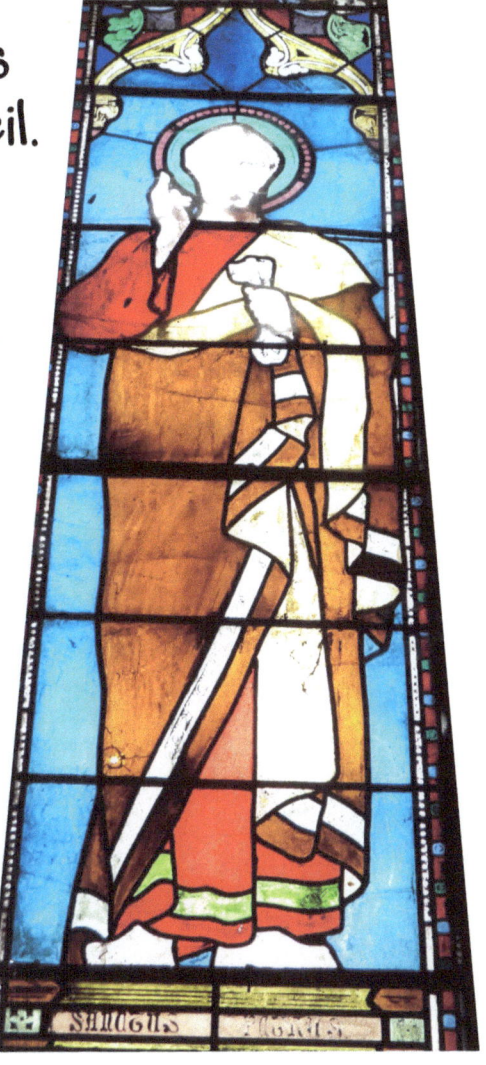
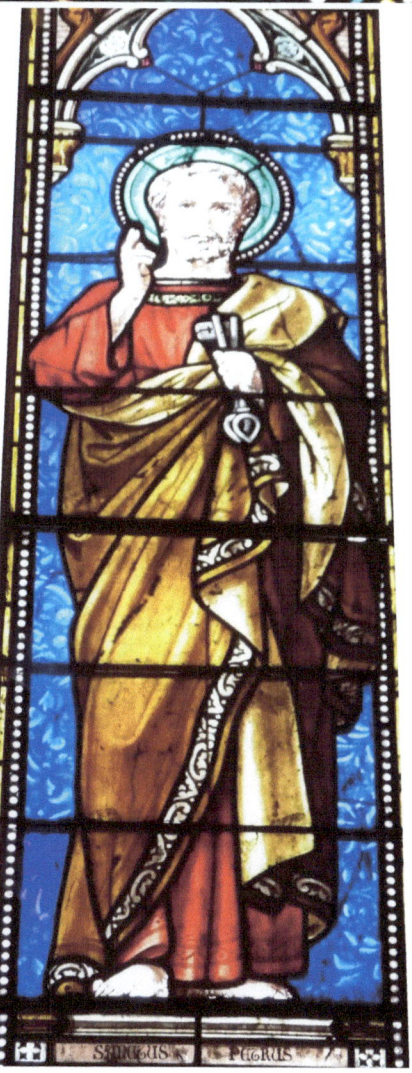

Maîtres verriers...
Besseyrias de Périgueux
à Fargues.
Charlemagne de Toulouse
à St Cyprien (1869).
Saint-Blancat, de Toulouse
à Montlauzun.
Et notre contemporain
Creunier d'Albas à Bagat.

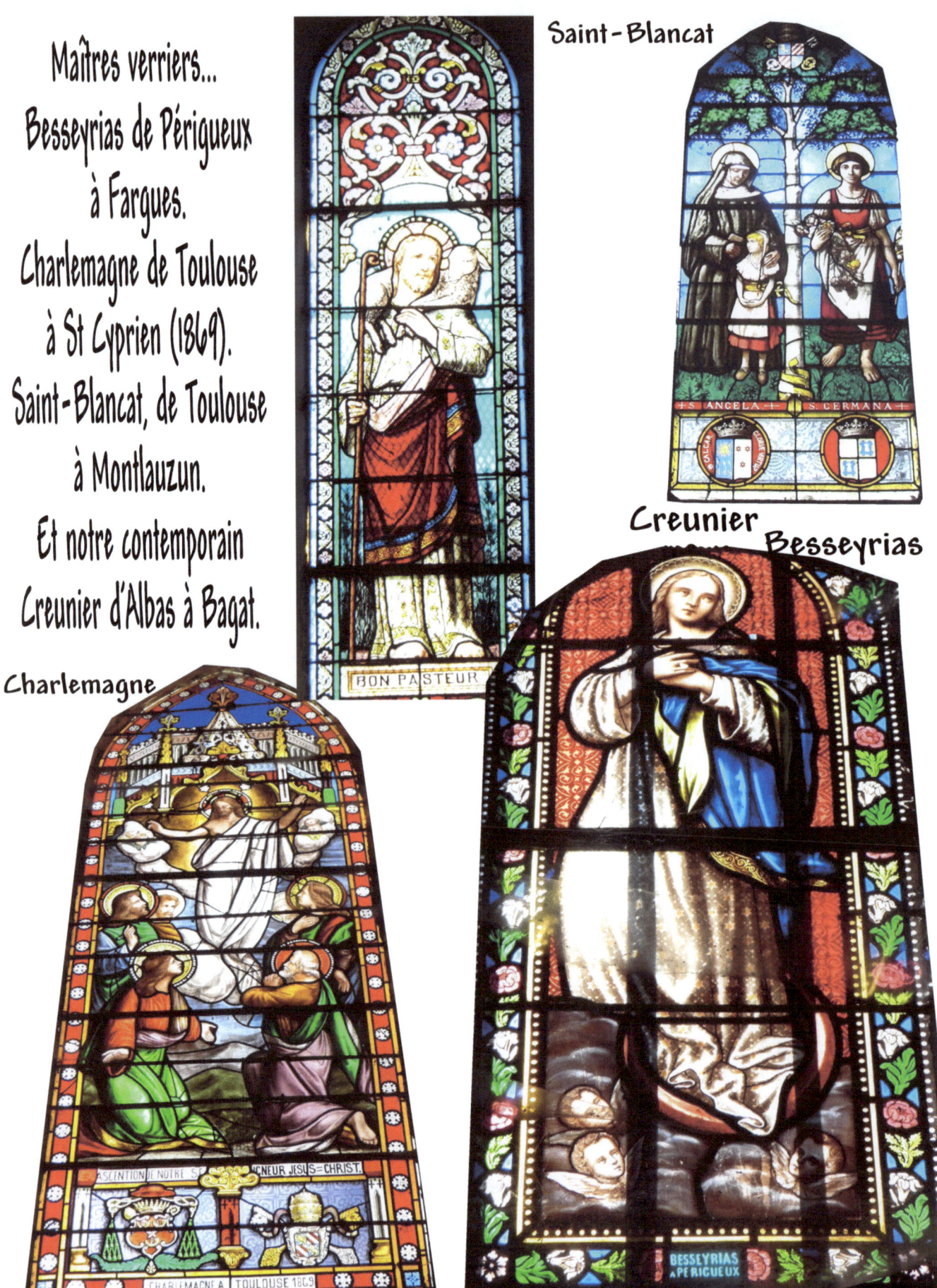

Saint-Blancat

Creunier

Besseyrias

Charlemagne

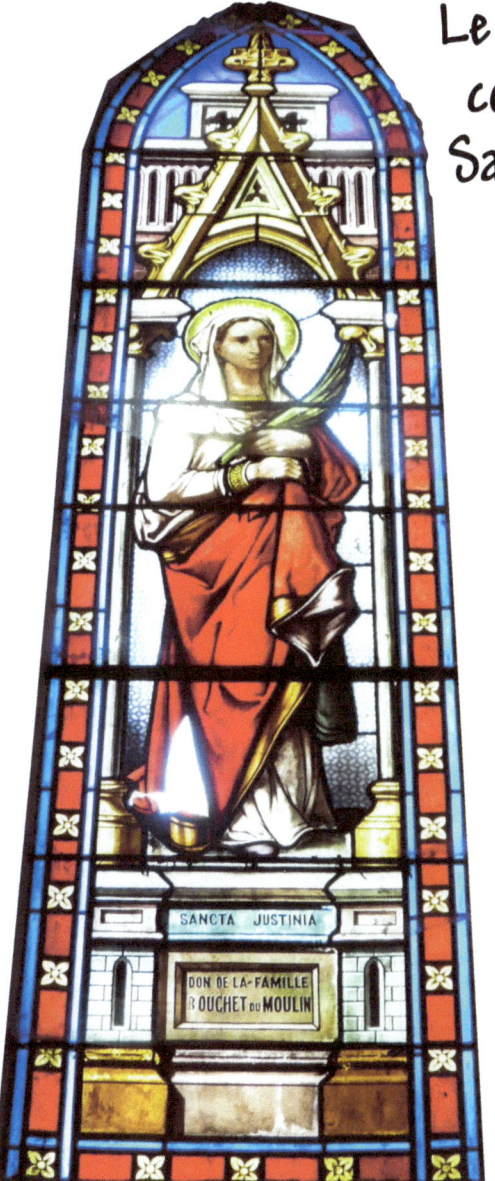

Le patrimoine...
comme dirait
Sancta Justinia

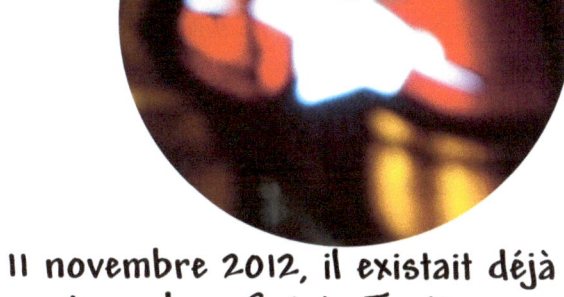

Le 11 novembre 2012, il existait déjà un trou dans Sainte Justine.

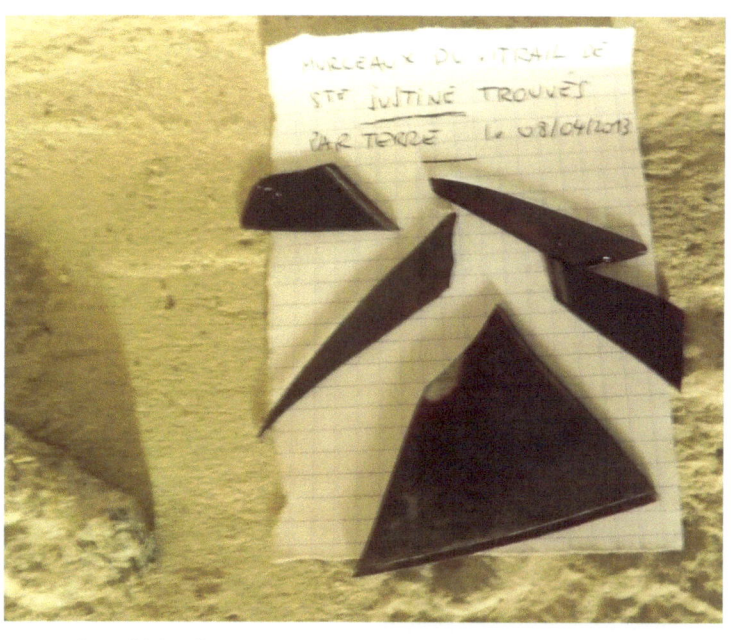

16 août 2013 : dans le coeur de l'église, une pierre, un papier et cinq morceaux du vitrail.
Qui a visé le trou ? Un coupable.
Et un responsable : le maire de Montcuq, pour ne pas avoir protégé d'un modeste grillage cette oeuvre,
comme il est pourtant "de coutume."

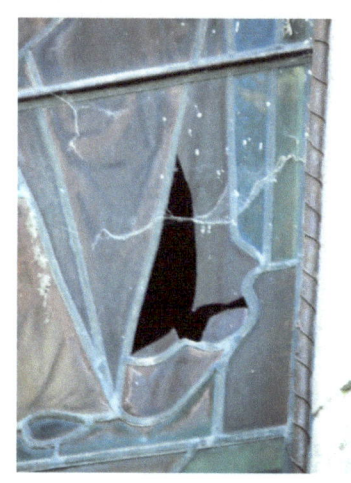

La mort de Daniel Maury... tout un symbole ?

« Sa carrière politique (...) aurait pu prendre une autre tournure en 2002. Daniel Maury avait, en effet, remplacé au pied levé Bernard Charles, député de la première circonscription, qui avait renoncé à se présenter aux législatives. La désunion de la gauche ajoutée à la Berezina de la défaite de Lionel Jospin avaient conduit son adversaire de droite, Michel Roumégoux, à la victoire. Daniel Maury avait été blessé par cet épisode. Il s'en remit lentement pour repartir à l'assaut, se réfugiant sur ses terres du Quercy blanc et au bord des terrains de foot, son élément naturel. »

Une dernière chance de "grande carrière" lui est passée sous le nez : 2004 « *Compte tenu des résultats du premier tour, Daniel Maury, président du PRG [fédération lotoise], jette l'éponge pour la présidence du Conseil général au profit de Gérard Miquel (...) Après le retrait de Daniel Maury, Gérard Miquel annonce qu'il peut "effectivement penser qu'il sera président. En tout cas, je veux traiter les radicaux comme des partenaires. Je leur donnerai des vice-présidences et on fonctionnera de la même façon. Je n'ai jamais été brimé sous la présidence des radicaux. Il n'y a pas de raison qu'ils le soient sous la mienne".* » Et il succéda à Jean Milhau à la tête du Conseil Général. Article d'une rétrospective 2004 de *La semaine du Lot (*donc avant sa reprise en 2007 par le groupe *La Dépêche du Midi)*.

Puis Dominique Orliac a pris la présidence du PRG lotois, remporté la législative 2007...

Blessé... au point de somatiser ces échecs ? Naturellement "toute sa famille politique" l'accompagna en terre... Mais chez ces gens-là, on sait hiérarchiser les événements ! Martin Malvy ne fut "présent qu'en pensées", et Jean-Michel Baylet y pensa sûrement en se rasant mais sans trouver le temps de communiquer... ou alors tellement d'émotions ! Les militants lotois du PRG n'en furent pas choqués ? Les proches ?

Martin Malvy assuma son statut de lotois, de sa Dépêche à twitter, devenu sa page de condoléances officielles :

Martin MALVY @martinmalvy 3 Août
Décès de Rolland #Castells maire de #BagnèresdeBigorre : pensées pour cet homme généreux, compétent, toujours courtois et constructif.

Martin MALVY @martinmalvy 25 Juil
Le théâtre est en deuil après la disparition de Bernadette Lafont que le public a tjs considéré comme 1 des plus grandes actrices françaises

Martin MALVY @martinmalvy 20 Juil
La disparition de Pierre FABRE est ressentie unanimement avec émotion et respect. Toute la région, au delà du #Tarn, est en deuil. #hommage

Martin MALVY @martinmalvy 27 Juin
Pierre Mauroy restera dans l'Histoire comme l'homme qui aura libéré les collectivités de la tutelle de l'Etat. #APMP

Martin MALVY @martinmalvy 16 Juin
Hommage à Christian Massat, qui a contribué à faire du Stade Toulousain ce qu'il est aujourd'hui, l'un des meilleurs clubs de rugby au monde

Retweeté par Martin MALVY Nadia PELLEFIGUE @NadiaPellefigue 28 Mars
@martinmalvy rend hommage à Nicole Belloubet pour son action comme 1ère Vice-présidente de @midipyrenees : sérieux, compétence, humanité

Martin MALVY @martinmalvy 27 Févr
Disparition d'H. CAILLAVET grande figure du radicalisme Il ns aura notamment marqué par son intense activité de législateur et son humanisme

Martin MALVY @martinmalvy 27 Févr
Beaucoup d'émotion après le décès de Stéphane Hessel. Son humanisme et ses indignations sont un exemple pour tous.

Martin MALVY @martinmalvy 4 Févr
Hommage au lotois Daniel Maury. C'était un homme d'action, un élu rigoureux, passionné par ses diverses fonctions.

Le même jour
Jean-Michel Baylet @JMBaylet se contenta de noter :
*Il faut des #listesnationalespourleseuropéennes proposition de loi que j'avais présentée au Sénat en 2010
http://lelab.europe1.fr/t/liste-nationale-unique-aux-europeennes-2014-ca-se-precise-selon-jean-michel-baylet-7321 ... via @LeLab_E1*

D'autres twittent sur la disparition du Shopi et l'état de dernier panneau publicitaire. Sa chute finale serait ressentie unanimement avec émotion et respect. Toute la région, au delà du Montcuquois, retwitterait #hommage
Mais les vieilles enseignent doivent laisser la place aux vainqueurs de la guerre économique. Comme dans les cimetières les vieux morts doivent laisser la place aux jeunes.

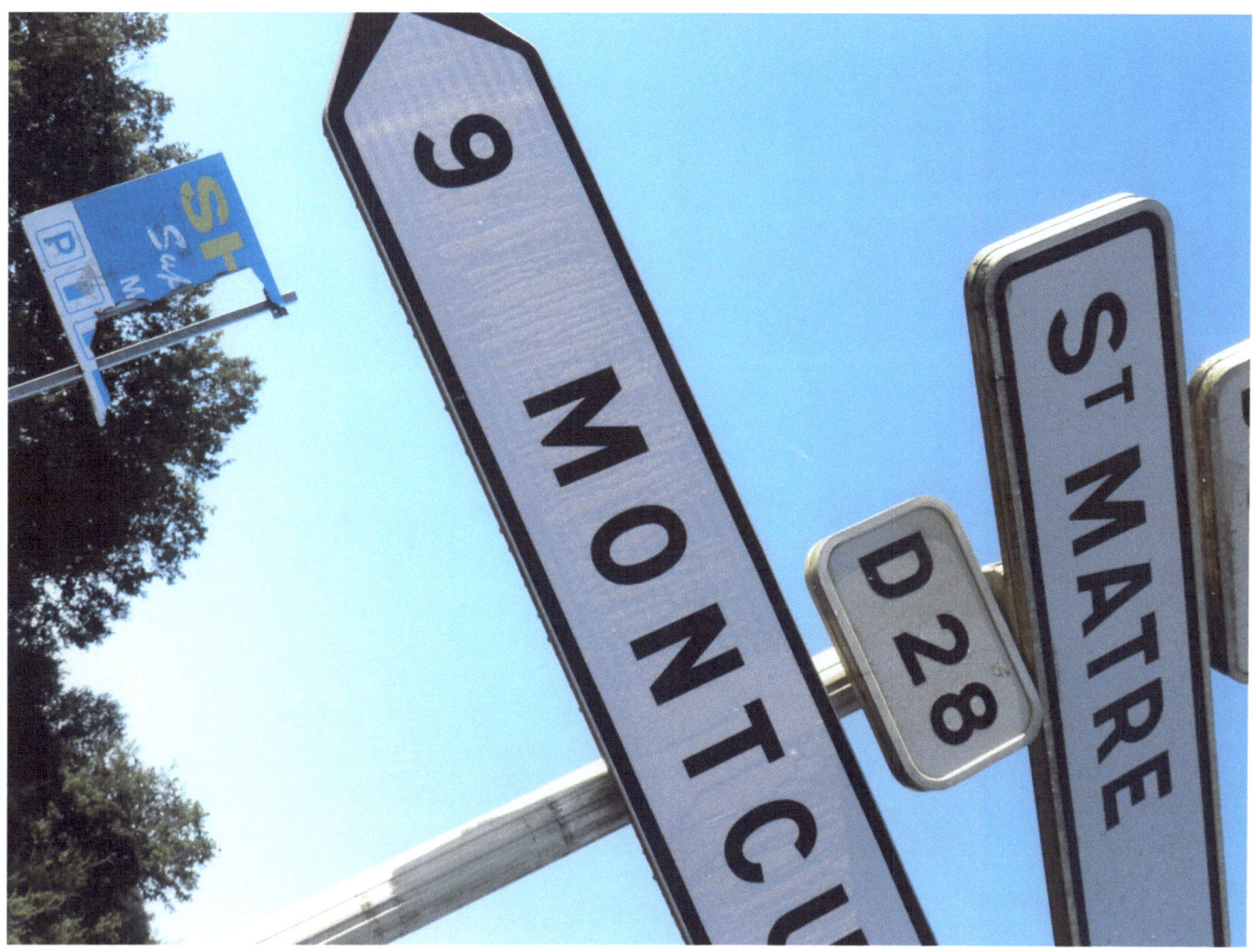

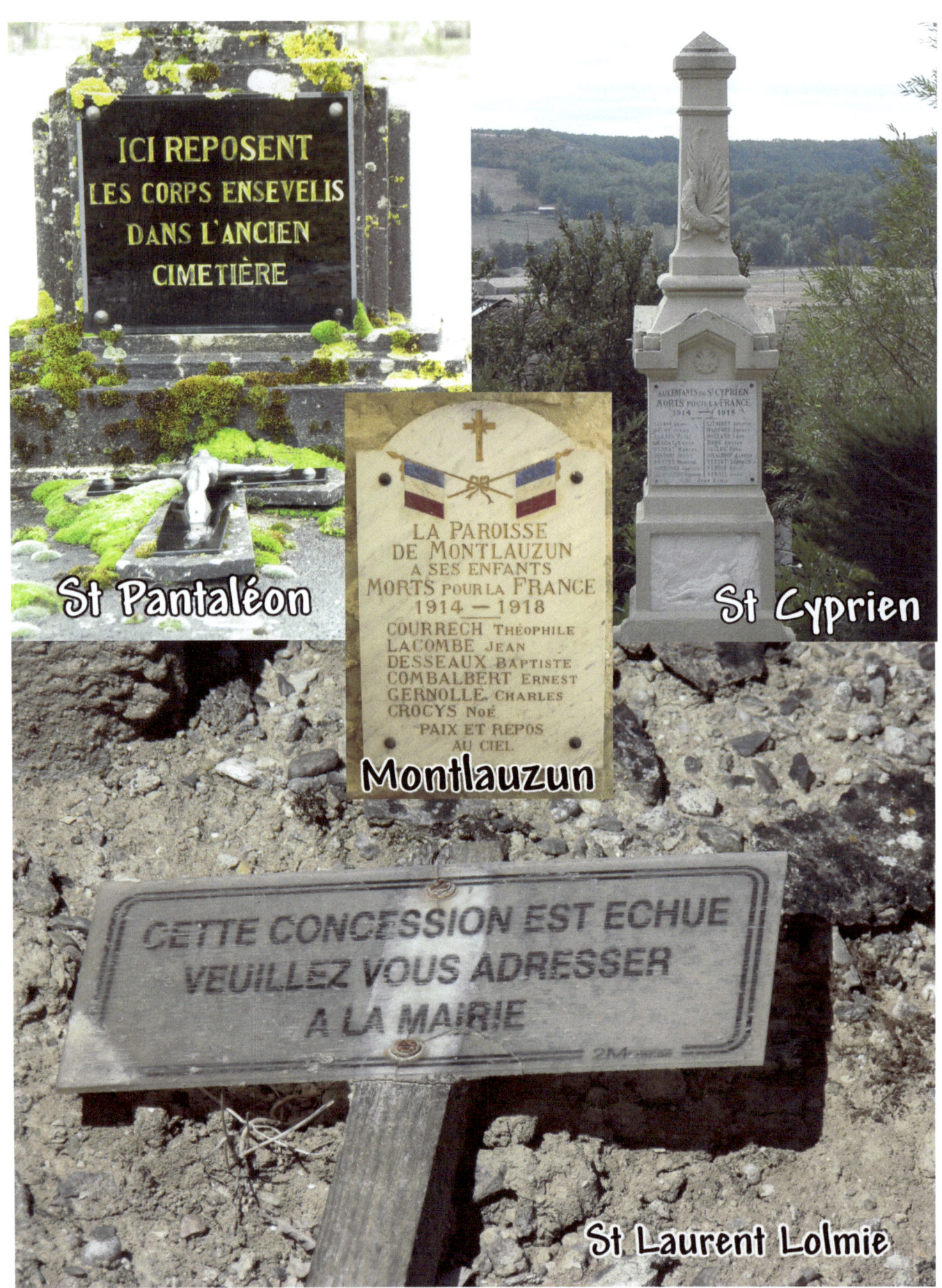

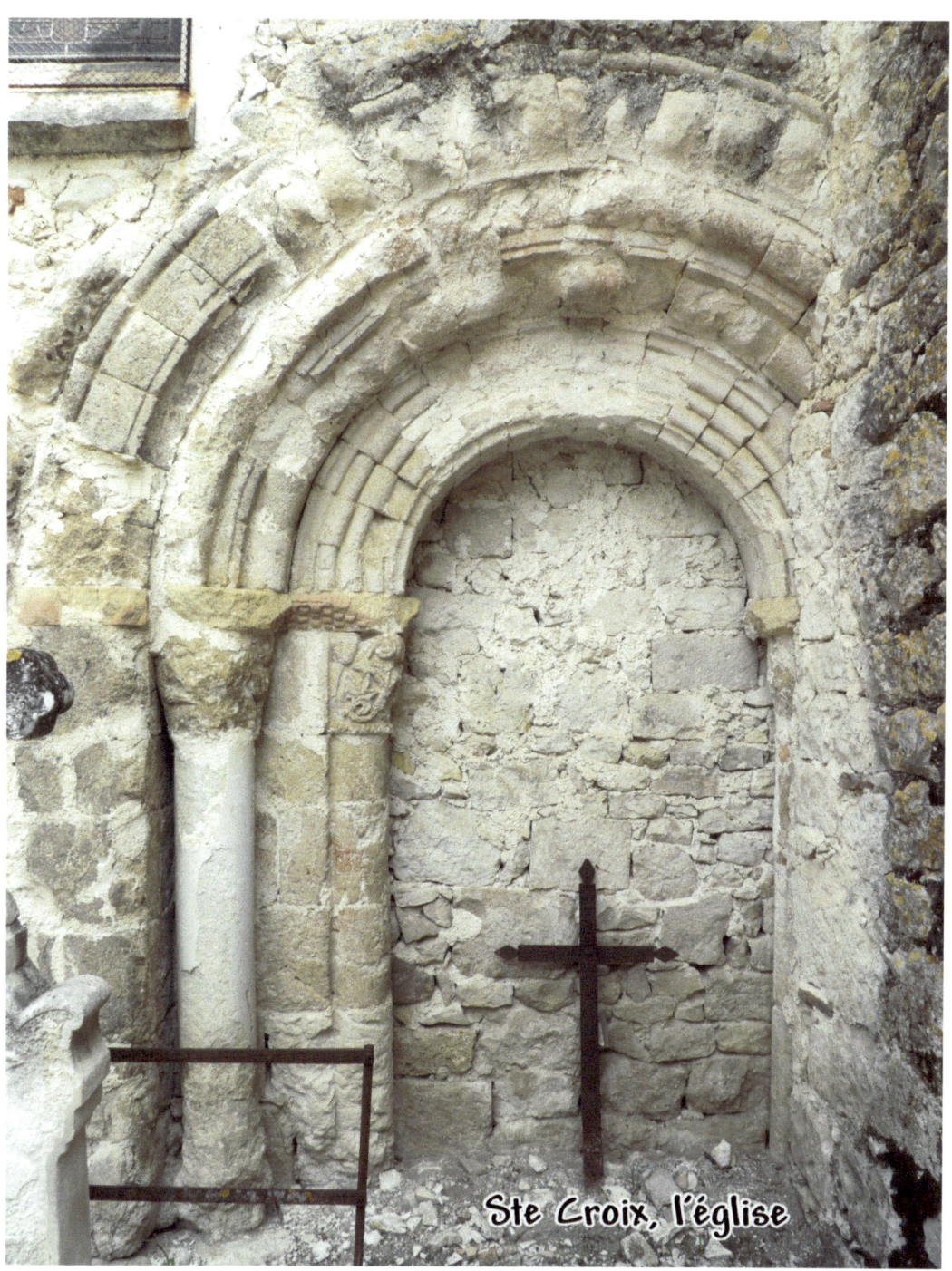
Ste Croix, l'église

Vivre à la campagne...

Vivre à la campagne... Des villes tentaculaires mangent des campagnes depuis des décennies, et les espaces éloignés de ces "centres de vie" se désertifient, victimes d'une discrète politique de ghettoïsation. D'autres minorités sont préférées. Le lot en est un exemple pitoyable : y vivre y sembla tellement impossible qu'il s'est désertifié... les jeunes partaient... Puis les vieilles pierres ont suscité des envies de sauver ce qui pouvait l'être, accompagné d'une envie de tranquillité... Phénomène parfois désapprouvé par les "autochtones" et sans réel soutien des politiques (sauf s'il s'agissait d'accueillir des touristes !)

Les amazoniens du Quercy tentent de résister...
Un territoire où vivre est agréable mais financièrement difficile... (sauf naturellement des privilégiés qui tiennent à leurs privilèges) Nos vieux élus peuvent répéter les mots "patrimoine", "culture", "authenticité", ils sont bien responsables et coupables de cette dérive. Le célèbre clientélisme de ces terres arides.

Amazoniens...

Ne sommes-nous pas
Nous-mêmes
Indiens des plus rares ?

Si vous saisissiez "Ne sommes-nous pas Nous-mêmes Indiens des plus rares" début juillet 2013, sur google-je-classe-je-fiche-tout, vous auriez obtenu deux sites avec cette expression. Il semble que Gérard Manset veille à la non reproduction de ses textes ! Ou qu'alors l'album "*Revivre*" de 1991 ne constitue pas une cible particulière des copieurs colleurs pilleurs de paroles.

Comment, vous avez osé puiser ce vers dans une chanson !
Parfaitement ! Dans "*Tristes tropiques*", titre que mon glorieux aîné (ils sont rares à la sacem !) était également allé chercher ailleurs ! Chez Claude Lévi-Strauss, l'ethnologue qui m'avait tant ému en déclarant « *je m'apprête à quitter un monde que je n'aime pas...* », peu avant ses cents ans.

Le premier couplet contenait un vers avec lequel j'ai hésité pour un livre sur la campagne en voie de disparition, en phase d'irrémédiable destruction.

« *Ne sommes-nous pas*
Nous-mêmes
Peuples opprimés ? »

Ne sommes-nous pas tous des amazoniens ?

Depuis la renommée mondiale de la société de Seattle, le terme peut prêter à confusion. Pourtant, pour un écrivain vraiment indépendant de la campagne lotoise, les deux idées se complètent...
Un écrivain en France, soit accepte le rôle de subalterne dans la chaîne du livre (parfois récompensé d'un prix Goncourt, de médailles, bourses, résidences, bons repas...) ou considère Amazon, Apple, Kobo comme des chances historiques.
Face à ces amazoniens, Aurélie Filippetti veille aux intérêts de son éditeur, donc des installés. Le conservatisme d'une fausse gauche liée aux grandes fortunes "culturelles". Mettez un peu de culture dans votre indécente opulence et frayez avec les notables PS-PRG, vous serez "bien vus."

Lotoises, lotois, écrivaines, écrivains, comme les indiens d'Amazonie nous devons résister. Mais aucun espoir à placer chez nos politiques avec le logo gauche. La disparition, la démolition d'un monde, avec même des quartiers perdus dans les bois, là où les sentiers ne sont pas balisés pour nos chers touristes, belles pierres vouées à s'effriter quand les gouvernements surfent sur la vague du manque de logements !

Un citoyen lotois observe l'eau municipale passer à la Saur, le Conseil Général et le Conseil Régional travailler main dans la main pour transformer nos campagnes en parcs à touristes, de résidences secondaires et gîtes ruraux mais sans connexion Internet correcte afin d'éviter l'arrivée de travailleurs indépendants qui pourraient ne plus suivre les consignes de vote de leur *Dépêche du Midi*... (opinion scandaleuse mais qui ne risque pas de m'exclure des pages du seul quotidien disponible)

Naturellement, un tel document ne pourrait pas être publié chez *Privat*, éditeur de Toulouse, éditeur de Messieurs Martin Malvy et François Hollande, propriété du groupe Pierre Fabre, les laboratoires qui furent sponsors du rugby à Villeneuve-sur-Lot aux grandes heures de Jérôme Cahuzac, groupe également au capital de cette *Dépêche du Midi,* tout en contrôlant *Valeurs actuelles*, considéré comme un hebdomadaire très droitier, précédemment détenu par Serge Dassault.

Un monde disparaît toujours dans l'indifférence. Avant de susciter des nostalgies.

La possibilité d'un mouvement de résistance politique et littéraire : http://www.amazoniens.com
Mais par prudence http://www.gariotte.com peut accueillir les « marginaux. »

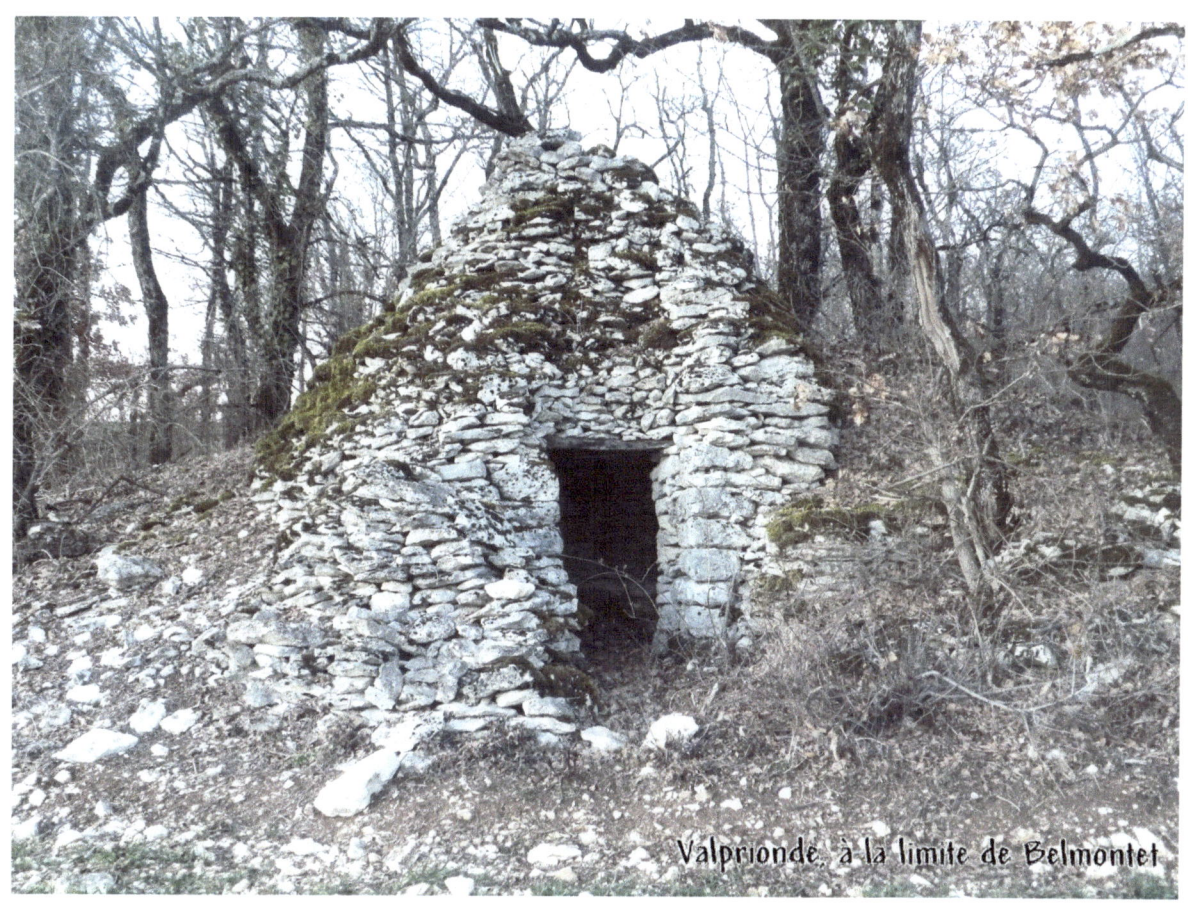

Valprionde, à la limite de Belmontet

Les cantons

Comme le déficit budgétaire
Nous dit qu'il est nécessaire
De supprimer
Quelques dépenses superflues
Il serait temps de réaliser
Qu'en France y'a un peu trop... d'élus

Quand on sait qu'les grandes décisions
L'ONU en a la mission
Après j'égrène
T'as l'Union Européenne
L'Elysée Matignon les régions
En a-t-on besoin des... cantons

Les compétences du département
Demandent tout bonnement
Une commission
Au sein des régions
Plus besoin d'un bataillon
Pour remuer du vent

La disparition des cantons
S'rait une vraie évolution
Mais cette chanson
Va finir dans un carton
Pour cause d'interdiction d'antenne
Pas d'place pour les idées... qui gênent

Comme le déficit budgétaire
Nous dit qu'il est nécessaire
De supprimer
Quelques dépenses superflues
Il serait temps de réaliser
Qu'en France y'a un peu trop... d'élus

Les compétences du département...

Je ne suis pas l'inconnu qui parle aux oreilles des puissants ! Même les interprètes de mes textes n'y chantent pas. Bref, la réforme des cantons est passée, je laisse cette chanson attendre son miracle. Et pour notre canton, c'est bien la disparition. Aucune larme, même de crocodile. Après les rumeurs et indiscrétions, est venu le temps de la publication par leur dépêche de la carte « officieuse », celle qui naturellement reste à valider par le ministre de l'Intérieur. Naturellement le préfet à consulté et c'est logiquement dans leur *bravda* que le peuple fut informé (rassurez-vous : je n'ai jamais acheté ce quotidien mais il m'arrive de consulter des articles gratuits sur Internet). Quatorze de nos communes rejoindraient Luzech quand Saint-Matré et Saux s'aggloméreraient à Puy-L'évêque.
Intercommunalité ou canton, mes livres ne devraient pas bénéficier du moindre centime d'argent public... Le contact direct avec les lectrices et lecteurs fut une nécessité. Cette faiblesse s'avère une sorte de force. Oui, c'est difficile. Vivre de peu, et même moins. Tenir. Jack-Alain Léger a eu tort de se suicider. Mais sûrement une conséquence logique de sa grande erreur, le besoin d'être accepté par des gens dont il vilipendait pourtant (et bien plus) les comportements...

Montcuq, la plage, la bibliothèque ou un dolmen ?

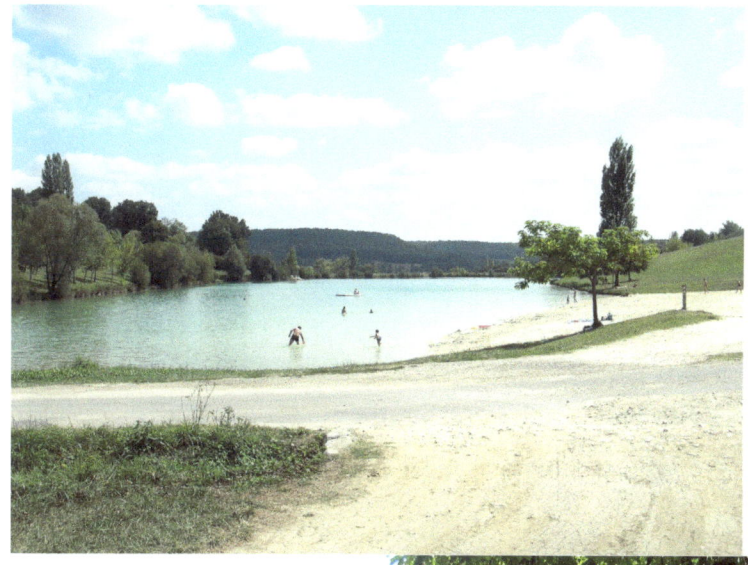

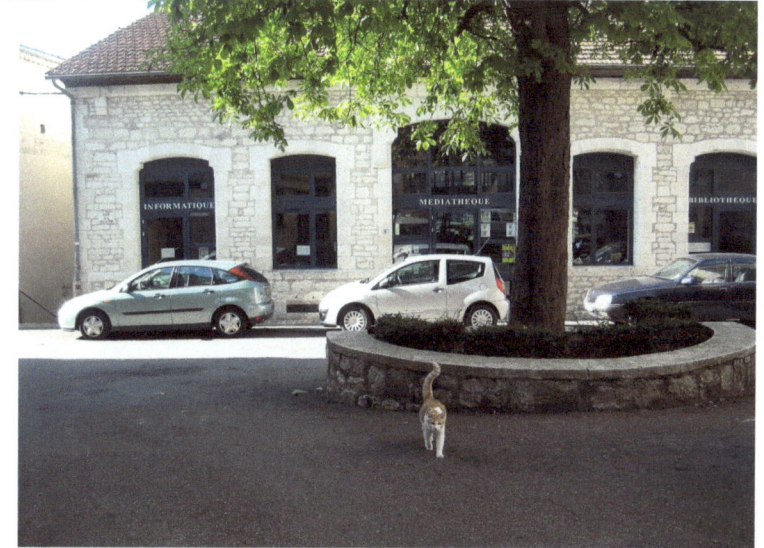

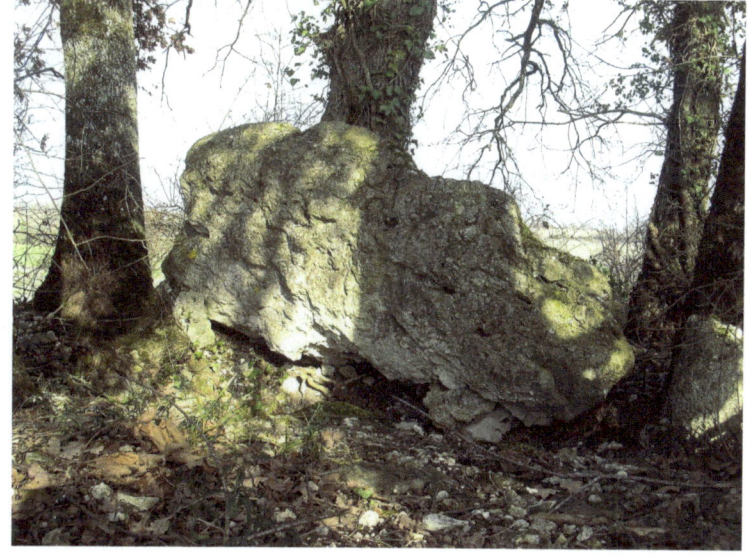

Eau de nos campagnes... et autres curiosités

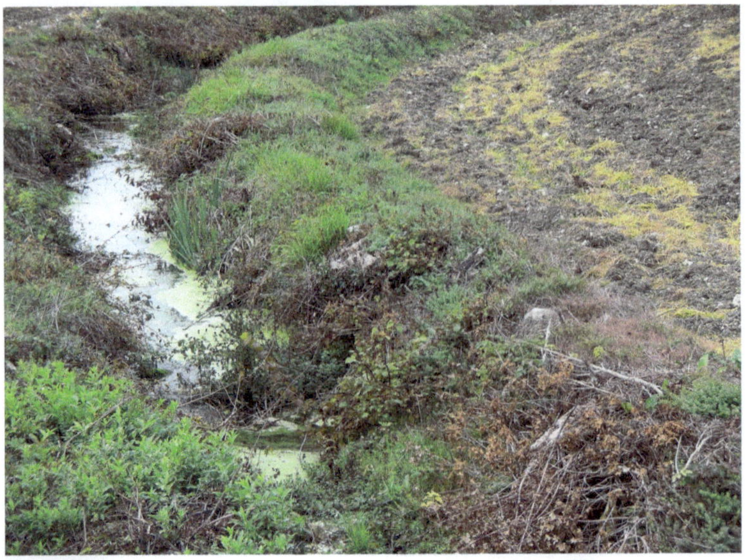

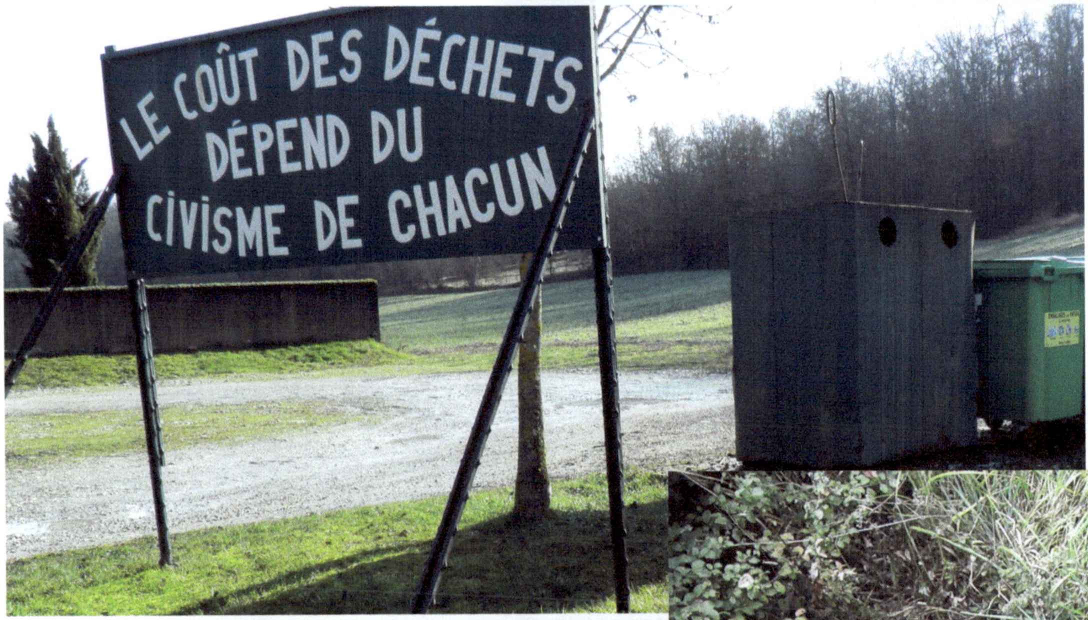

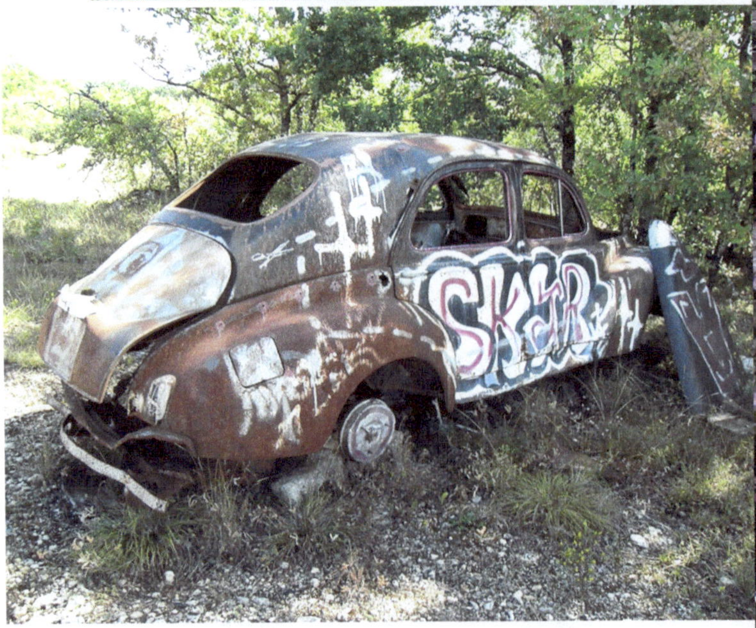

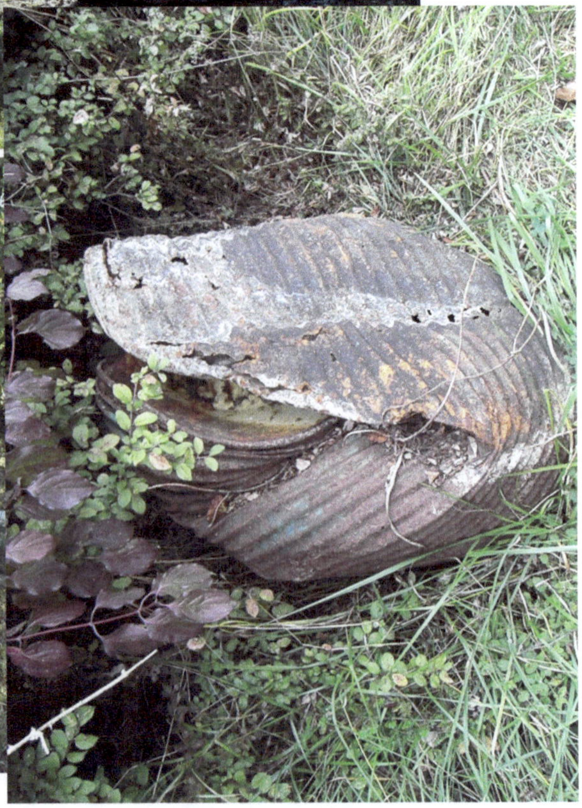

On laisse détruire l'indispensable

On veut du gaz et du pétrole
Il faut qu'elles roulent nos bagnoles
Il faut bien se chauffer l'hiver
Et que l'économie soit prospère

Pour tout c'qu'on croit nécessaire
On laisse détruire l'indispensable
On sacrifie même la terre
Pour des plaisirs disons minables

On veut des fruits qui s'exposent
Aussi beaux qu'les bouquets de roses
Les pesticides feront l'affaire
On sait qu'les nitrates nourrissent la terre

Pour tout c'qu'on croit nécessaire
On laisse détruire l'indispensable
On sacrifie même la terre
Pour des plaisirs disons minables

En hiver on veut des tomates
Faut qu'les fraises soient écarlates
On veut skier dans le désert
Noël et son conifère bien vert

Pour tout c'qu'on croit nécessaire
On laisse détruire l'indispensable
On sacrifie même la terre
Pour des plaisirs disons minables

Ce texte fut mis en musique par David Walter et figure dans l'album "*Vivre autrement (après les ruine)*" disponible depuis le 22 mai 2013. http://www.chansons.org

Naturellement, les traces vertes dans l'eau de la page précédente proviennent sûrement d'un phénomène naturel. La chambre d'agriculture du Lot semble rémunérer des spécialistes au discours parfaitement rodé à ce genre de questions. Quant aux syndicalistes ils répondront qu'imposer des restrictions à l'utilisation des pesticides et nitrates tuera l'agriculture lotoise...

Bagat... Loin du centre, à côté de la petite église de St Jacques de Las Bouygues, les poubelles et leur message martelé... Message consensuel des gentils soucieux de la planète... Pourtant : trier est-ce suffisant ?

Trier est-ce suffisant ?

Dans chaque département
Le président du Conseil Général
A le sourire du premier d'la classe génial
Pour nous présenter son slogan

Triez vos déchets
Et la pollution va reculez
Triez vos déchets
C'est pas sorcier
Tout l'monde est content
D'son p'tit geste pour l'environnement
Y croient-ils vraiment ?
Font-ils semblant ?

Faut les incinérer
Toutes nos tonnes de déchets alimentaires
Après on s'étonne qu'les chanteuses vitupèrent
Rappellent qu'on pourrait recycler

Et si vos vieilles pizzas
Le matin vous marchiez pour les porter
Au collège au lycée ou au commissariat
Partez pas j'vais vous expliquer

Triez vos déchets
Et la pollution va reculez
Triez vos déchets
C'est pas sorcier
Tout l'monde est content
D'son p'tit geste pour l'environnement
Y croient-ils vraiment ?
Font-ils semblant ?

Des poules et des poulets
Nourris de nos déchets alimentaires
On te donne des œufs si tu portes tes déchets
Des œufs pas comme dans les hypers

Les poules municipales
Moi je vous propose qu'on les installe
Dans les commissariats, collèges, les écoles
Bien sûr au Conseil Général

Triez vos déchets
Et la pollution va reculez
Triez vos déchets
C'est pas sorcier
Tout l'monde est content
D'son p'tit geste pour l'environnement
Y croient-ils vraiment ?
Font-ils semblant ?

La dégringolade ?

Après la "grande époque" (bizarrement, localement, nul ne semble en garder de grands souvenirs 1963 - 1994 !) où le conseiller général, Maurice Faure cumula cette fonction avec la députation (1951 à 1983), le sénat (1983 à 1988), la mairie de Cahors (1965 à 1989), la présidence du Conseil Général (1971 à 1994), les fonctions ministérielles (on passe sur les postes occupés avant 1963, secrétariat d'État, Ministre de l'Intérieur du gouvernement Pierre Pflimlin durant trois jours, Ministre des Institutions européennes pour retenir : Garde des Sceaux, ministre de la justice du gouvernement Pierre Mauroy, du 22 mai au 23 juin 1981, Ministre d'État, ministre de l'Equipement et du Logement du gouvernement Michel Rocard du 12 mai 1988 au 22 février 1989), Montcuq se donna à un successeur incapable d'entrer à l'Assemblée Nationale ni de s'asseoir sur le plus grand fauteuil du Conseil Général. En plus la bourgade y perdit sa flamme. Oui, sa flamme postale.

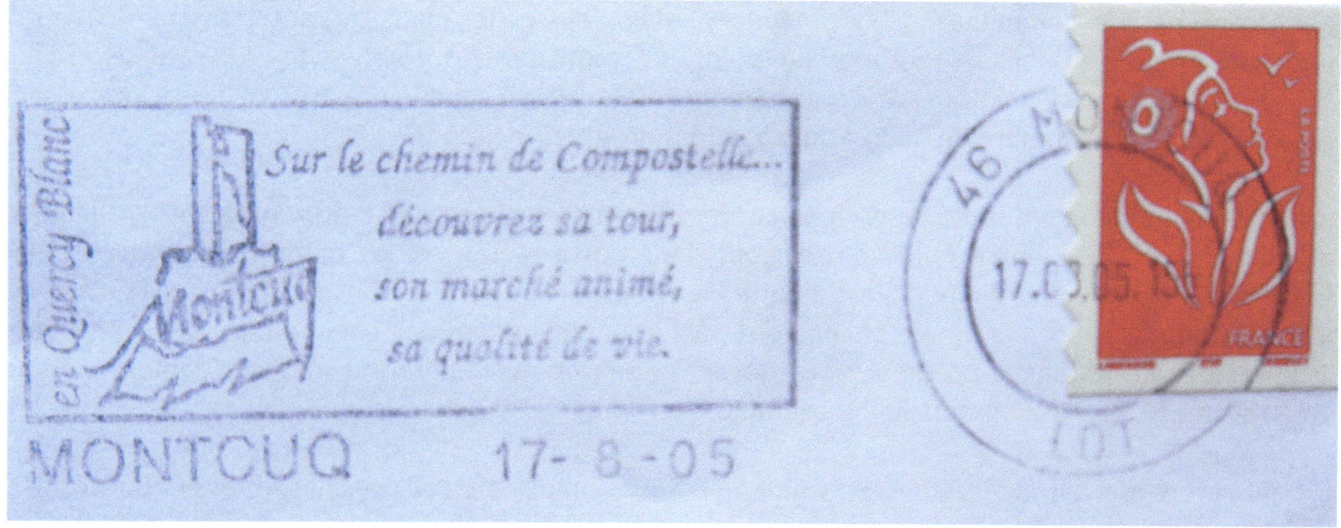

Et maintenant, il va falloir s'en référer à Luzech ou Castelnau. La dégringolade, je vous dis !

A part ça, ça m'étonnerait que le prochain Conseiller Général (départemental, j'ai retenu) en charge du secteur me consulte au sujet de la politique Culturelle du département, et même que le prochain maire de Montcuq me confie la supervision du salon du livre. Non, le plus embêtant, c'est simplement l'impossibilité de communiquer sur « mon catalogue. » Même les bibliothèques de Montcuq et Castelnau ne possèdent aucun de mes livres ! Mes pièces de théâtre, même celles pour enfants traduites en anglais, allemand, italien, espagnol, jouées jusqu'en Biélorussie, nul ne les connaît ici. « *Le Conseil Général partenaire de la Culture* » ! La nature des affinités nécessaires n'est pas précisée. Naturellement, je n'écris pas pour ces gens-là, qui prétendent s'occuper d'art mais ne font qu'appliquer les souhaits de l'oligarchie... C'est juste une conclusion, histoire des coups de pieds aux culs indispensables. Y'aura peut-être « des jeunes » pour prendre le relai...

Avenir de ces villages ?

L'avenir pour ces villages ? Une augmentation de la pression fiscale, une dégradation des services publics, des routes délabrées... un grand parc à touristes où quelques-uns seront recrutés pour entretenir les résidences secondaires...
Une population "à l'année" vieillissante.
Pour le plus grand nombre : comme avant, partir ou vivre de peu.
Saint François d'Assise pourrait devenir notre logo. Ce "modèle de pauvreté" est d'ailleurs déjà représenté sur l'un des vitraux de l'église de Saint-Daunès. Une œuvre de G.P Dagrand en 1889.

La France se réorganise en baronnies. Les seigneurs du Moyen Âge dépendaient directement du roi, alors que grâce à la décentralisation nos petits barons peuvent régner sur un territoire plus ou moins vaste. Pour le Lot, Cahors et Figeac doivent absolument rester dans l'escarcelle des nouveaux maîtres, quant aux petites communes, elles tendent la main, englobées dans des intercommunalités qui permettent aux héritiers de prendre du poids, de montrer leur totale adhésion soumission au système, avec naturellement l'espoir réel de monter d'un cran à chaque disparition. Il sera intéressant de comptabiliser le nombre de maires qui abandonneront par dégoût en 2014...

Naturellement, ceux qui souhaitent "faire carrière" en arrivent à penser indispensable de s'allier aux puissants, donc de bien se faire voir, surtout dans notre région où les hommes au pouvoir sont tellement bons que l'alternance n'est qu'une exception et rentre vite dans l'ordre. Le plus souvent, jeune, l'homme pense "ils ne me changeront pas, je ne deviendrai pas comme eux." Mais on prend vite le cœur de la fonction... Hé si, vous devenez comme eux ! Ils furent même sûrement comme vous, avant... à l'école communale par exemple...

L'architecture mériterait du temps, l'histoire de l'utilisation des pierres blanches... Des époques se lisent sur certaines maisons...

Il faut bien y passer ?

Je vous épargne leur ridicule rue du petit rapporteur, leur Monopoly… Juste une photo…

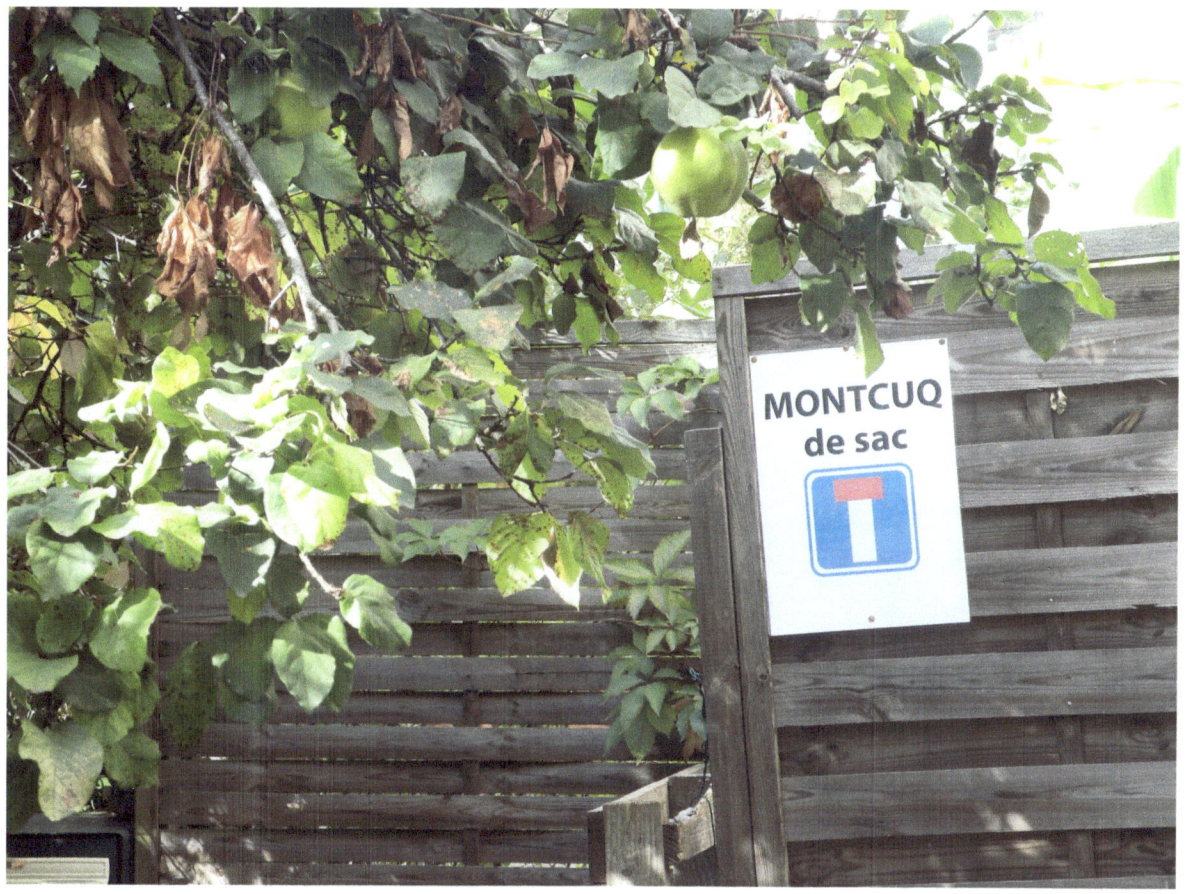

Heureusement, tout le monde ne paye pas sa cotisation communication à leur Dépêche du Baylet. On informe comme on peut !

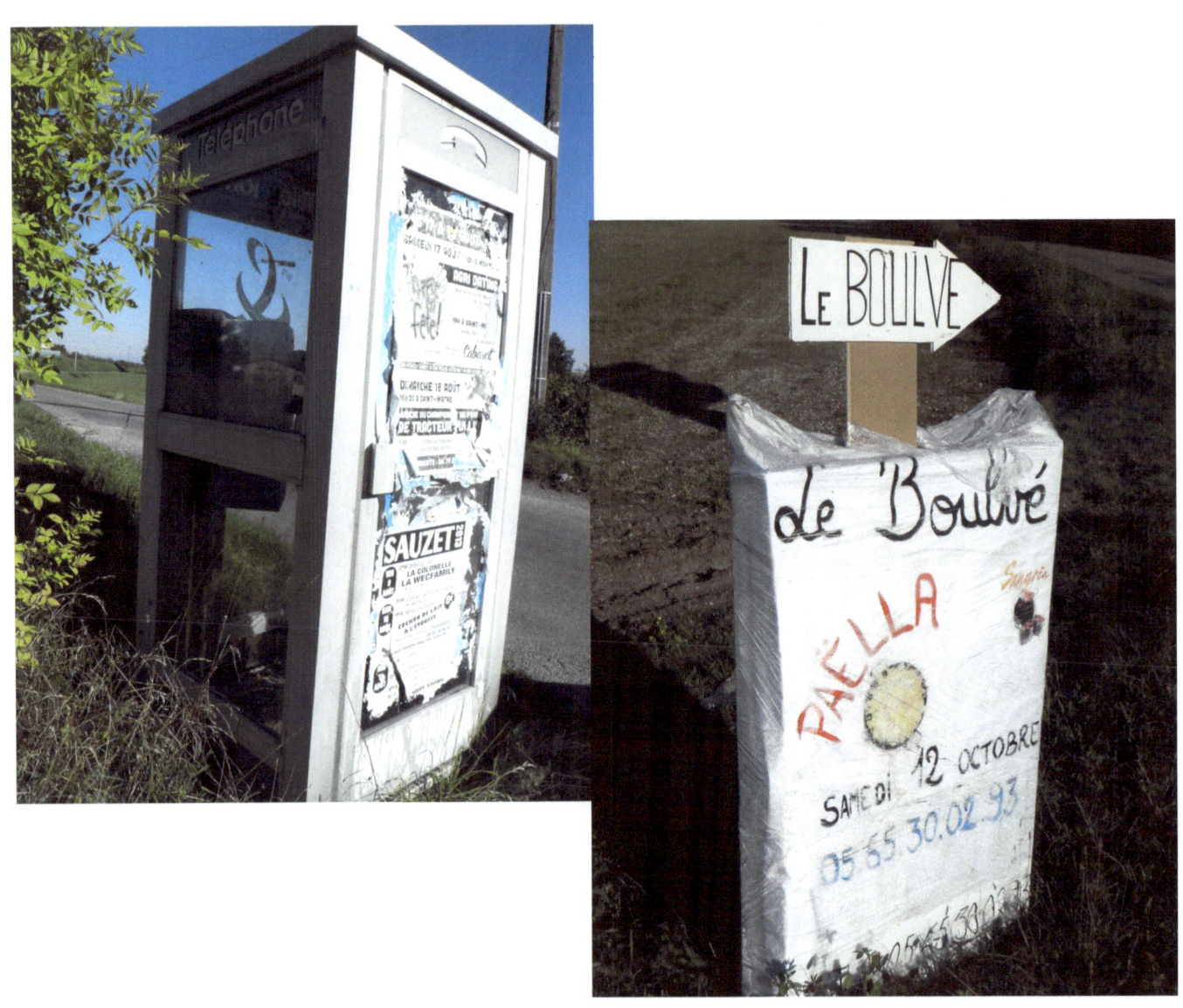

Merci de consulter l'ensemble de mon catalogue !

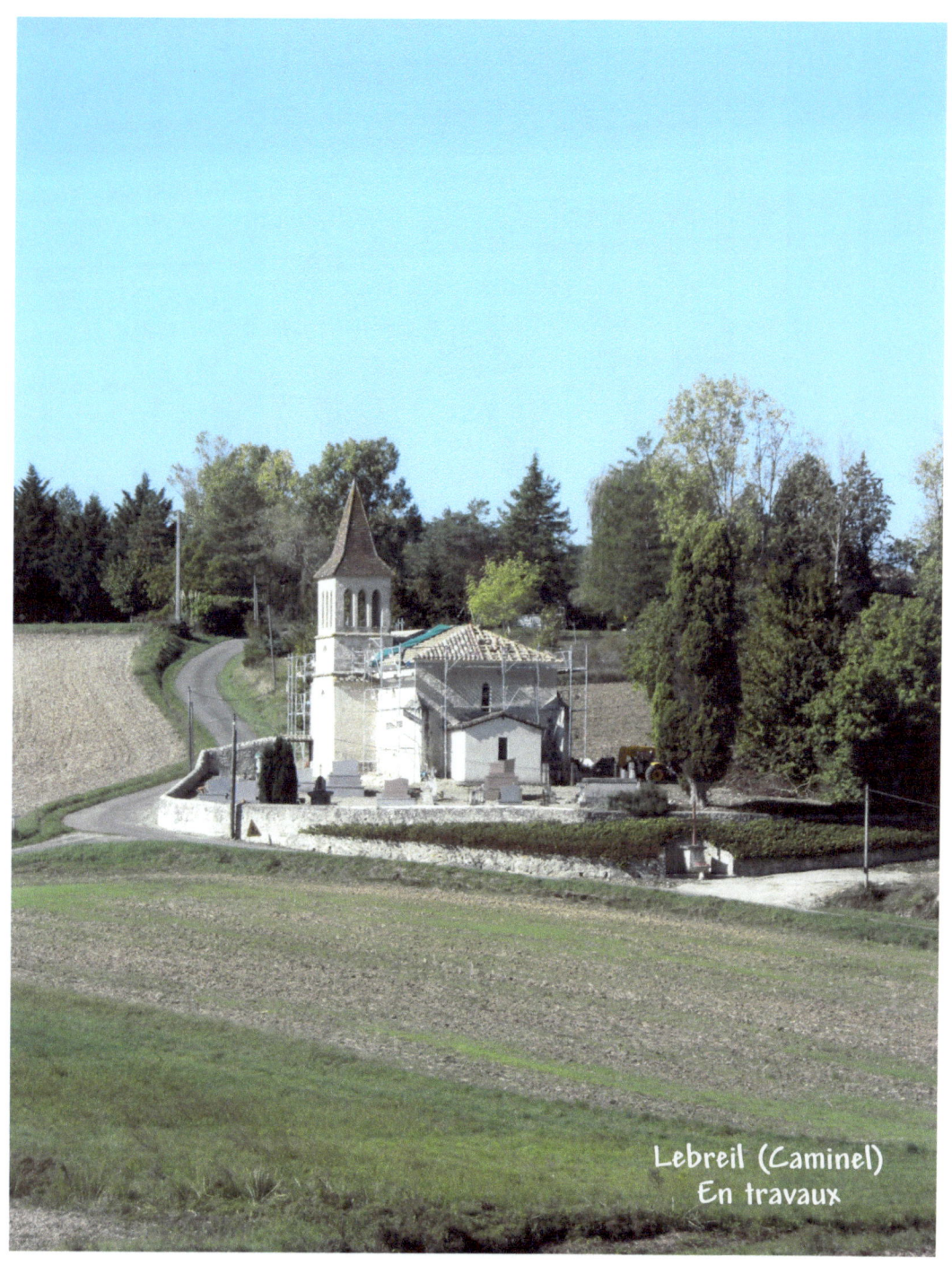
Lebreil (Caminel)
En travaux

Tous droits de traduction, de reproduction, d'utilisation, d'interprétation et d'adaptation réservés pour tous pays, pour toutes planètes, pour tous univers.

Site officiel : http://www.ecrivain.pro

Présentation des livres essentiels :
http://www.utopie.pro

Pour le lot :
http://www.lotois.fr

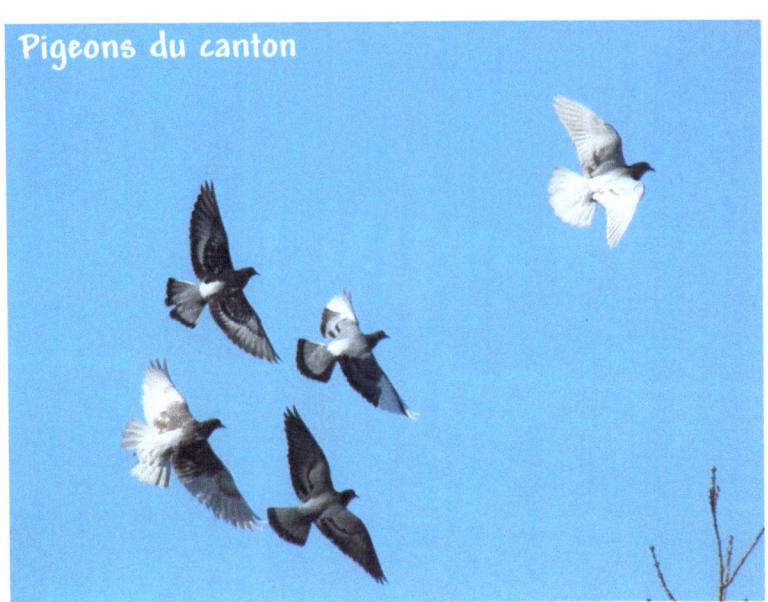

Dépôt légal à la publication au format ebook

Imprimé par CreateSpace, An Amazon.com Company pour le compte de l'auteur-éditeur indépendant.
livrepapier.com

ISBN 978-2-36541-447-0
EAN 9782365414470

La disparition d'un canton : Montcuq - Livre d'art et d'opinions. Moins de cantons, plus d'élus, la mainmise des partis... de Stéphane Ternoise
© Jean-Luc PETIT - BP 17 - 46800 Montcuq - France

16 octobre 2013